OSHO de A a Z

Med

Monge

Renascimento

Sensibilidade

Tempo

Trabalho

Vulnerabilidade

OSHO

Osho de A a Z

Um dicionário espiritual do aqui e agora

SEXTANTE

Publicado originalmente com o título *The ABC of Enlightenment.*

tradução
Carlos Irineu da Costa

preparo de originais
Tomás da Veiga Pereira

revisão
Cláudia Pimentel Vianna
Sérgio Bellinello Soares

projeto gráfico e diagramação
Valéria Teixeira

capa
Miriam Lerner

fotolitos
R R Donnelley América Latina

impressão e acabamento
Lis Gráfica e Editora Ltda.

CIP-BRASIL. CATALOGAÇÃO-NA-FONTE
SINDICATO NACIONAL DOS EDITORES DE LIVROS, RJ

O91o Osho, 1931-1990
Osho de A a Z: um dicionário espiritual do aqui e agora / Osho ; tradução Carlos Irineu da Costa. – Rio de Janeiro: Sextante, 2004.

Tradução de: The ABC of enlightenment
ISBN 85-7542-125-5

1. Vida espiritual - Vocabulários, glossários, etc. I. Título.

04-1154. CDD 299.93
CDU 299.5

Editora Sextante (GMT Editores Ltda.)
Rua Voluntários da Pátria, 45 – Gr. 1.404 – Botafogo
22270-000 – Rio de Janeiro – RJ
Tel.: (21) 2286-9944 – Fax: (21) 2286-9244
Central de Atendimento: 0800-22-6306
E-mail: atendimento@esextante.com.br
www.sextante.com.br

SUMÁRIO

INTRODUÇÃO

Palavras não são apenas palavras. Elas têm seus próprios humores, seus próprios climas. Quando uma palavra encontra um lugar dentro de você, traz um novo clima à sua mente, uma abordagem diferente, uma nova visão. Dê outro nome a um objeto conhecido e perceba: ele ficará imediatamente diferente.

Quando você estiver vivendo uma experiência, é muito importante lembrar de não congelá-la em nenhuma palavra, porque isso a reduziria. Digamos que você esteja sentado em uma tarde silenciosa. O sol acabou de se pôr, as primeiras estrelas começam a surgir. Apenas *esteja lá*. Não diga nada, nem mesmo "Isto é belo", pois, a partir do momento em que você disser que algo é belo, já não será mais a mesma coisa. Ao dizer "belo", você traz de volta o passado: todas as experiências que você já chamou de "belas" atribuíram um valor a essa palavra. Sua palavra "belo" contém muitas experiências de beleza, mas essa que você está vivendo agora é única, completamente nova. Nunca antes foi assim, e jamais será assim de novo.

Por que trazer de volta o passado? O presente é tão vasto, o passado é tão restrito. Por que olhar através de um buraco na parede quando você pode sair e contemplar o céu aberto? Tente não usar palavras, mas, se você tiver que usá-las, escolha-as com muito cuidado, porque cada uma delas possui uma nuance própria. Seja poético, escolha as palavras com sensibilidade, com amor e carinho.

Há outra coisa que você deve ter em mente: algumas palavras vêm dos sentimentos, enquanto outras surgem do intelecto. Procure deixar de lado as palavras do intelecto, use cada vez mais as dos sentimentos. Há palavras políticas e palavras religiosas. Deixe de lado as palavras políticas. Também há palavras que geram conflitos: assim que você as pronunciar, haverá uma discussão. Então nunca use a linguagem lógica e argumentativa. Empregue a linguagem do afeto, do carinho, do amor para evitar discussões.

Se você começar a perceber e sentir as coisas desse modo, verá surgir uma enorme mudança. Se você viver de forma minimamente consciente, muita dor e muito sofrimento podem ser evitados. Uma única palavra pronunciada sem pensar pode criar uma longa cadeia de sofrimento. Uma pequena diferença, um desvio mínimo, trará muitas mudanças. É preciso ser extremamente cuidadoso e usar as palavras apenas quando for absolutamente necessário. Evite palavras contaminadas. Use palavras novas, livres de controvérsias, que não provoquem argumentos ou discussões, que apenas expressem seus sentimentos.

Se você puder tornar-se um profundo conhecedor das palavras, toda a sua vida será completamente diferente. Suas relações serão completamente diferentes, porque noventa e nove por cento de uma relação se dá através de palavras e gestos. Os gestos também são palavras. Há palavras que já lhe criaram muitos problemas, mas ainda assim você continua a repeti-las. Se uma palavra causa sofrimento, raiva, conflitos, discussões, deixe-a de lado. Qual o sentido em continuar usando-a? Substitua essa palavra por algo melhor: pelo silêncio. Depois do silêncio, há o canto, a poesia, o amor...

A

Absoluto

Nunca use a palavra "absoluto", evite-a o máximo possível, pois ela cria fanáticos. Ninguém possui uma verdade absoluta. A verdade é tão vasta que todas as verdades acabam sendo relativas! A palavra "absoluto" levou a humanidade ao sofrimento. Um muçulmano acredita que há uma verdade absoluta no Alcorão e se torna cego. Um cristão pensa que há uma verdade absoluta na Bíblia. Um hindu pensa que há uma verdade absoluta na Gita, e assim em diante. Como é possível que haja tantas verdades absolutas? Daí surgem conflitos, brigas, guerras, cruzadas religiosas, guerras santas: "Matem os que estão dizendo que a verdade DELES é absoluta – a NOSSA verdade é absoluta!" Através dos séculos, mais mortes, mais estupros, mais saques têm sido feitos em nome da religião do que em nome de qualquer outra coisa. Qual o motivo? O motivo está na palavra "absoluto".

Lembre-se sempre: aquilo que sabemos e tudo que ainda pudermos vir a saber está fadado a ser relativo.

Abstinência

Você pode ser um celibatário, mas ser um celibatário não significa ter ido além da sexualidade. A sexualidade já está em você. A partir do momento em que estava no útero de sua mãe, você já era um ser sexual. Não há como evitar isso. Tudo o que pode fazer é reprimir esse aspecto. Você irá se tornar pouco natural, e toda a sua vida será uma vida pervertida. A repressão é possível, mas a transcendência não.

Abstrações

É sempre fácil amar coisas abstratas. Por exemplo, é mais fácil amar a humanidade do que os seres humanos, porque amar a humanidade não oferece riscos. Um único ser humano é muito mais perigoso do que toda a humanidade. A humanidade é apenas uma palavra, não há uma realidade que corresponda a ela. Já o ser humano é uma realidade, e, sempre que você se deparar com uma realidade, haverá bons momentos, maus momentos, dor e prazer, altos e baixos, agonias e êxtases. Ao amar a humanidade, contudo, não haverá êxtase nem agonia. Na verdade, amar a humanidade é uma forma de evitar os seres humanos. Por não conseguir amar os seres humanos, você começa a amar a humanidade apenas para se iludir.

Evite as abstrações.

Absurdo

Tudo que é belo é absurdo. A alegria é uma experiência não-utilitária. Amor, paz, iluminação – todos são absurdos, absurdos no sentido de que nenhum deles possui um sentido para além de si mesmo. Seu significado é intrínseco. A beleza é absurda. A alegria é absurda. O riso é absurdo. Colecione em sua vida tantos absurdos quanto puder! As pessoas colecionam as coisas mais estranhas, como selos de correio... Então colecione absurdos, e quanto mais absurdos você tiver, mais rico e pleno você será.

Aceitação

Durante apenas vinte e quatro horas, tente se dedicar à aceitação total, aconteça o que acontecer. Se alguém o insultar, aceite isso, não reaja, e veja o que acontece. Subitamente você irá sentir uma energia completamente nova fluindo dentro de você. Vamos supor que alguém o tenha insultado: você irá sentir-se fraco, perturbado, começará a pensar em como se vingar. Aquele que o insultou terá aprisionado você, e agora você irá andar em círculos. Durante dias, noites, meses, até mesmo anos, não será capaz de dormir, terá pesadelos. Há pessoas que podem desperdiçar uma vida inteira por uma besteira, apenas porque alguém as insultou.

Olhe para trás, para o seu passado, e examine suas lembranças. Você era ainda uma criança quando o professor o chamou de idiota na frente da turma, e até hoje você se lembra disso com ressentimento. Seu pai disse algo de que você nem se lembra mais, e mesmo seu pai já não se lembra. Sua mãe olhou para você de uma certa forma e desde então se abriu uma ferida. Ela ainda está aberta, viva; se alguém a tocar, você irá explodir. Não permita que essa ferida cresça. Não faça dessa ferida sua alma. Vá até as raízes, junte-se ao todo. Durante vinte e quatro horas, apenas vinte e quatro horas, tente não reagir e não rejeitar aquilo que acontecer.

Se alguém o empurrar e você cair no chão, apenas caia! Depois levante-se e vá em frente. Não faça nada a respeito. Se alguém o agredir, curve a cabeça e aceite isso com gratidão. Vá em frente, não faça nada durante vinte e quatro horas e você irá descobrir um fluxo de energia que talvez nunca tenha sentido, uma nova vitalidade vinda das raízes. Assim que você passar a conhecer essa vitalidade, uma vez que a tiver experimentado, sua vida será diferente. Então você vai rir de todas as coisas tolas que tem feito, de todos os ressentimentos, reações e vinganças com os quais estava se destruindo.

Ninguém mais pode destruir você a não ser você mesmo. Ninguém mais pode salvá-lo exceto você mesmo. Você é seu próprio Judas, seu próprio Jesus.

Admiração

Aquele que deseja ser admirado não possui respeito por si próprio. Nós somos educados com sentimentos de culpa firmemente entranhados em nós. Desde o início somos condenados pelos pais, pelos professores, pelos sacerdotes, pelos políticos, por todas as instituições. Uma única mensagem é repetida continuamente para todas as crianças, dizendo: "Aquilo que você está fazendo não é certo. Você está fazendo o que não deve e não está fazendo o que deve fazer." Todas as crianças recebem uma mensagem, direta ou indireta, de que não são realmente desejadas, de que seus pais estão cansados, de que a criança está apenas sendo tolerada, mas que no fundo é uma chateação.

Isso cria uma ferida profunda em qualquer pessoa, e dessa ferida surge uma rejeição a si mesmo. É para cobrir essa ferida que buscamos a admiração de outros.

Adultério

O significado mais comum dessa palavra é "fazer amor com uma mulher ou um homem com quem você não esteja casado(a)". Mas o verdadeiro significado de adultério é *fazer amor sem amar.* Pode ser sua própria esposa, mas, se você não a estiver amando naquele momento, fazer amor com ela será um adultério.

O homem é um ser complexo: hoje você pode estar amando sua mulher – sim, sua própria mulher! Eu sei que é difícil, talvez seja muito raro, mas acontece. Então hoje você pode estar amando sua própria mulher, e fazer amor com ela será uma oração, uma devoção, uma comunhão com Deus.

Essa comunhão pode acontecer até mesmo com outra mulher que não seja sua esposa: se houver amor, não será adultério. Mas se o amor não estiver presente, seja quem for a outra pessoa, será adultério.

Água

Em todas as tribos primitivas a água simboliza a vida. A vida é baseada na água; o corpo humano é feito de oitenta e cinco por cento de água. E a vida dos animais, das árvores, dos homens e dos pássaros – toda a vida depende de água. Por isso, a água sempre foi um dos elementos básicos de veneração, assim como o sol. Ambos eram respeitados como deuses, e ainda hoje continuam sendo metáforas significativas.

A água representa diversas coisas. Por exemplo, ela não possui forma própria, mas ainda assim pode tomar qualquer forma. Você a coloca em um vaso, ela terá a forma do vaso; a coloca em um copo, irá tomar a forma do copo. É infinitamente ajustável. Nisto está sua beleza: não possui nenhuma rigidez. Os homens também deveriam ser assim, pouco rígidos, fluidos como a água, e não duros como o gelo.

A água sempre vai em direção ao mar. Onde quer que esteja, seu movimento é sempre em direção ao mar, rumo ao infinito. Os homens deveriam ser como a água, sempre se movendo em direção ao divino. A água permanece pura se estiver em movimento, fluindo, mas se torna impura e estagnada se ficar dormente. Assim deveriam ser os homens e suas consciências, sempre fluindo, se movendo, nunca ficando travados.

É por ficarem travadas que as pessoas se tornam sujas e impuras. Se o fluxo é contínuo e a pessoa está sempre pronta para se mover, de um momento para outro momento, sem qualquer hesitação, sem carregar o fardo do passado, permanecerá inocente e pura.

Alegria

A alegria é muito superior ao prazer, à felicidade. É muito mais delicada, mais macia, mais suave, como as flores. Se for preciso escolher entre as três, então escolha a alegria. É uma harmonia sutil. Quando seu corpo, sua mente e seu coração estiverem funcionando juntos em profunda sincronia, a alegria surgirá. Na alegria há uma contribuição do corpo, uma contribuição da mente, mas a maior parcela é a contribuição do coração. A alegria contém elementos de prazer, elementos de felicidade e algo além desses dois.

Além

O além é o resto, o abrigo. A mente é uma tagarelice sem fim, uma tagarelice de vinte e quatro horas por dia. Apenas para além da mente há paz e silêncio. Dessa paz e silêncio nasce a sanidade.

A iluminação é o ápice da sanidade – quando uma pessoa se torna absolutamente sã, quando atinge um ponto no qual o silêncio, a serenidade, a consciência estão permanentemente com ela, ao andar ou dormir. Flui uma corrente de tranqüilidade, êxtase, bênção, que são a fonte de plenitude, um alimento vindo do além.

A psicologia oriental vê a mente como a parte mais baixa da consciência humana – lúgubre e escura. Você tem que ir além dela.

E a iluminação não é o fim, porque é apenas a consciência individual. A individualidade continua sendo como as duas margens de um rio. A partir do momento em que o rio se junta com o oceano, todas as margens desaparecem, todos os limites são anulados. Você foi além da iluminação.

ALQUIMIA

Medite sobre alguma coisa negativa e lentamente você se surpreenderá: a tristeza vira alegria, a raiva se transforma em compaixão, a ganância se torna partilha, e assim por diante. Esta é a ciência da alquimia interior: como transformar o negativo em positivo, como transformar o metal de base em ouro.

Você deve lembrar-se de nunca começar com algo positivo, porque você não sabe nada sobre o que é positivo. No entanto, é isso que está sendo ensinado por muitas pessoas em todo o mundo: são adeptos do assim chamado "pensamento positivo". Essas pessoas nada sabem sobre a alquimia interior. Nunca se usa ouro como ponto de partida. Se você já tem ouro, então para que a alquimia? Nesse caso, a alquimia não é necessária. Você deve começar com um metal de base, e esse metal precisa ser transformado em ouro. O metal de base é o que você tem, é o que *você é*. Você é o inferno, e isso deve ser transformado no paraíso. Se houver veneno, ele precisa ser transformado em néctar. Comece com o negativo.

Se você começar com algo negativo, não precisará pensar sobre o positivo. Se meditar sobre coisas negativas, se for fundo nisso, até a mais funda raiz, subitamente acontecerá uma explosão: o negativo desaparecerá e o positivo terá surgido. Na verdade, ele sempre esteve presente, escondido atrás do que era negativo. O negativo era um abrigo, um escudo, algo necessário, pois você ainda não tinha mérito suficiente. O negativo era necessário para que você pudesse se tornar digno de receber o positivo.

AMANHÃ

Não há muito tempo, você não tem muito tempo. Não deixe nada para depois: o momento é agora. Não diga "amanhã" – o amanhã é uma miragem. Esteja alerta agora, esteja desperto agora, neste momento, e haverá serenidade e calma. E subitamente você estará relaxado, a fonte será contatada, e você terá retornado ao "lar".

Esse é o lar pelo qual você tem procurado durante muitas vidas. Mas sua própria metodologia de pesquisa estava errada. Você fez disso um objetivo, mas não é um objetivo, é *a fonte*.

Ambição

As ambições são contagiosas. Evite as pessoas ambiciosas, do contrário parte da febre delas o contaminará. Você pode começar a seguir em uma direção que não é a sua, pode começar a fazer coisas que nunca pensou em fazer, mas fez apenas porque estava em companhia de alguém...

Olhe para a sua vida: quase toda ela é acidental. Não é essencial, é acidental. Seu pai queria que você fosse médico, então você se tornou um médico. Ele desejava que seu filho se tornasse um médico famoso: ele realizou a *ambição dele*. Usou você como um meio para realizar a ambição dele. Isso não é amor, é exploração.

A ambição está na raiz da loucura. Tente entender sua ambição: seu esforço para ser alguém no mundo irá deixá-lo louco. Tente apenas "ser ninguém" e você não terá mais problemas. Deixe de lado a ambição e comece a viver, porque a pessoa ambiciosa não consegue viver: ela sempre deixa as coisas para depois. Sua vida real permanece no futuro, um futuro que nunca chega. Uma pessoa ambiciosa irá tornar-se agressiva e violenta, e pessoas violentas e agressivas acabam ficando loucas.

Aqueles que não têm ambições estão em paz, cheios de amor e compaixão. Por outro lado, uma pessoa ambiciosa está sempre com pressa, com urgência, correndo em direção a algo que ela sente vagamente estar presente, mas que jamais irá encontrar. É como o horizonte: algo que não existe, apenas parece existir. As pessoas que não são ambiciosas vivem aqui e agora, e viver aqui e agora é ter sanidade. Estar totalmente presente neste momento é ter sanidade.

Amém

As orações dos muçulmanos, as orações dos cristãos, todas terminam com *amin*. Os cristãos dizem *amém*, os muçulmanos dizem *amin*. As orações hindus terminam com *aum*. Com certeza há uma verdade em algum lugar, parcialmente expressa por todos os três. Quando a mente se torna completamente silenciosa, um determinado som pode ser ouvido. Se você é hindu, irá interpretá-lo como *aum*, se você é muçulmano, será *amin*, se você é cristão, será *amém*, mas ninguém pode dizer exatamente o que é. Na verdade, isso pode ser interpretado de diversas maneiras, é a sua interpretação que se sobrepõe ao som.

Amor

É possível amar o mundo inteiro. O amor nunca deveria ser possessivo. Não deveria ser exclusivo, e sim inclusivo. Quando o amor é inclusivo, você é capaz de reconhecê-lo como tal. Quando um amor é exclusivo, dedicado exclusivamente a uma pessoa, você o restringe tanto que acabará matando-o. Você estará destruindo sua infinitude. Estará tentando colocar todo o céu em um espaço mínimo, um espaço tão pequeno que não será capaz de contê-lo.

As pessoas deveriam amar. O amor não deveria ser apenas um relacionamento, deveria ser um estado do ser. E sempre que você ama uma pessoa, através dela ama a todos. E se o amor *realmente* houver acontecido, você descobrirá, de repente, que começou a amar as árvores e os pássaros, o céu e as pessoas. Quando você está amando um homem ou uma mulher, o que exatamente está acontecendo? Quando você ama uma mulher, você está amando todas as mulheres. Aquela que você ama é apenas uma representante, um exemplo de todas as mulheres que já existiram, que existem e que irão existir. Essa mulher em particular é apenas uma porta para a feminilidade. Mas uma mulher não é apenas uma mulher, é um ser humano também. Então você estará amando todos os seres humanos. E uma mulher não é apenas um ser humano, é também um ser. Então você estará amando todos os seres. Uma vez que você esteja amando, ficará surpreso ao ver que a energia de seu amor é liberada para todos. Esse é o verdadeiro amor.

O amor possessivo não é o verdadeiro amor. Ele é tão minúsculo que se sufoca e sufoca o outro também. Mas é assim que tem sido até agora – o amor nunca tem sido inclusivo. Ensinaram a você apenas como amar de forma exclusiva.

Angústia

Há uma grande angústia em todos os corações – a angústia de não conhecer a si mesmo, a angústia de não saber de onde viemos e para onde estamos indo, quem somos e do que trata a vida. "Qual o sentido da vida?" – essa é a nossa angústia, o nosso desespero.

A vida parece ser tão fútil, completamente sem sentido, uma repetição mecânica. Você faz as mesmas coisas repetidamente: para quê?

A angústia vem do fato de que os homens se sentem como se fossem um mero acidente: não parece haver um significado, uma importância. E os homens não podem viver sem uma experiência de significação, sem sentir que contribuem de forma relevante para o mundo, que são necessários para a existência, que estão realizando algo muito significativo, que não são apenas um fenômeno inútil, que não são acidentais. A menos que seja possível ver a vida dessa forma, uma pessoa viverá angustiada.

Aniversários

Ninguém nunca nasceu, ninguém nunca morrerá: as duas coisas são ilusões. Certamente parecem verdadeiras, mas é como uma cobra que parece ser uma corda quando você não pode vê-la com clareza. A noite está caindo, o sol se pôs, você está em um caminho escuro e subitamente fica com medo de encontrar uma cobra. Mas não há nada ali, é apenas uma corda. Acenda uma lanterna, uma vela, e você verá que não há cobra alguma.

O nascimento é tão ilusório quanto uma corda que é confundida com uma cobra. E se o nascimento é ilusório, é claro que a morte é ilusória também. Você nunca nasceu e nunca irá morrer. Claro que você entrou em um corpo – isso é um nascimento – e um dia deixará esse corpo – é o que você chama de morte –, mas, no que diz respeito a si mesmo, você já existia antes de seu nascimento e continuará existindo após sua morte.

Anjos

Ninguém acredita no Sol ou na Lua, porque eles "são". As pessoas acreditam em Deus, anjos, demônios e outras coisas mais, porque elas "não são". Você está simplesmente criando um sistema de crenças ao qual se agarrar.

Anticoncepcionais

Os anticoncepcionais transformaram a própria qualidade do sexo: o sexo tornou-se divertido. Sexo não é mais algo tão sério quanto costumava ser. Tornou-se apenas um jogo, uma brincadeira – dois corpos brincando um com o outro, só isso. Não há nada de errado nisso. Você joga futebol ou vôlei: o que há de errado nisso? Duas energias físicas estão envolvidas.

Sexo também é um jogo, mas nem sempre foi assim. Antes dos anticoncepcionais, era algo sério. Os anticoncepcionais tiraram essa seriedade do assunto. Com isso, as religiões passaram a ficar receosas porque toda a sua estrutura pode ruir por causa dos anticoncepcionais. Aquilo que os ateus não conseguiram fazer durante séculos foi realizado pelos anticoncepcionais em poucas décadas. Os anticoncepcionais liberaram os homens dos sacerdotes.

Apegar-se

Nos apegamos às coisas muito facilmente, nos apegamos a tudo. A vida é um fluxo, nada permanece o mesmo, mas esperamos e desejamos que as coisas continuem as mesmas. Há muita frustração no mundo porque nenhuma de nossas expectativas é satisfeita. Cada expectativa traz consigo um desastre.

Estar ligado significa apegar-se a algo, desejar que aquilo permaneça o mesmo para sempre. Isso é pedir o impossível. Uma pessoa jovem deseja permanecer jovem para sempre, e isso é impossível. Mais cedo ou mais tarde ela irá envelhecer. E, com isso, a velhice, em vez de trazer alegria, trará sofrimento. Do contrário a velhice seria um dos pontos mais altos de uma vida. Deveria ser o ápice, um cume coberto por neve, mas em vez disso é um buraco negro. E se torna um buraco negro porque estamos apegados à juventude. Nos apegamos ao corpo, mas o corpo precisa partir um dia. Viva nele, ame-o, respeite-o, cuide dele, mas não se apegue a ele. Lembre-se de que é um *caravanserai*, a estadia de uma noite. Pela manhã, teremos que partir.

Arrependimento

A palavra "arrepender" precisa ser compreendida, pois tem sido interpretada incorretamente há séculos. Jesus disse várias vezes: "Arrependei-vos! Arrependei-vos porque o fim do mundo está próximo." Quando as palavras de Jesus foram traduzidas a partir do grego, algumas o foram de forma inadequada. Essa palavra, "arrepender-se", foi uma das que mais sofreu. É a tradução de uma palavra grega, *metanoia*, que significa "recolher-se" – *metanoia* significa meditação. "Arrepender-se" também significa "retornar", retornar à fonte. Não tem nenhuma relação com a idéia de arrependimento que você aprendeu na igreja. "Arrepender" não está aqui relacionado ao seu sentido usual. "Arrepender" significa recolher-se, retornar, voltar à fonte de seu ser, atingir o próprio núcleo de seu ser.

Ateísmo

Há uma pequena história que sempre gosto de contar...

Um ateu convicto havia escrito na parede de seu escritório, em letras maiúsculas: *"GOD IS NOWHERE"* (Deus não está em lugar algum). É claro que todos os que vinham vê-lo tinham que ler aquilo, já que estava escrito em letras grandes bem na frente deles. Seu primeiro filho nasceu e, um dia, ele estava brincando com o filho. A criança estava aprendendo a ler, e então começou a ler a frase escrita na parede. Ela deveria ter lido *"God is nowhere"*, mas, como *nowhere* era uma palavra grande, a criança não conseguiu lê-la de uma vez só. Dividiu-a em duas e leu *"GOD IS NOW HERE"* (Deus agora está aqui). Cortou a palavra *nowhere* em duas partes e mudou todo o sentido da frase.

Pela primeira vez o pai olhou para a frase e disse: "Meu Deus! Essa criança me fez perceber algo novo. Nunca mais poderei ler essa frase da mesma forma. Irei sempre me lembrar de *NOW HERE*" (agora, aqui).

Foi um momento de transformação para o ateu. Pela primeira vez começou a pensar: "Eu realmente sei que Deus não está em lugar algum? Eu já explorei todo o espaço? Já explorei meu ser interior?"

Os ateus sofrem da mesma cegueira dos teístas. Ambos têm crenças. A única pessoa que está certa é um agnóstico, que não é nem um teísta nem um ateu, mas alguém que procura a verdade. Ele não possui um sistema de crenças, preconceitos ou ideologia já programados.

Não vejo muita diferença no ateísmo de um comunista e no teísmo do Vaticano. O teísmo do Vaticano é baseado numa crença. E *O capital* é a bíblia para os comunistas: como Marx diz que não há Deus, isso é transmitido para todas as crianças dos países comunistas. Na América, todas as crianças acreditam que Deus existe. Ambas são crenças: uma é positiva, a outra é negativa, mas ambas são crenças. Nem os comunistas nem o Vaticano conhecem a verdade.

Atenção

Todos falam sobre seu próprio sofrimento. Por que há tanta ênfase nisso? Por que dar tanta atenção a seu sofrimento? Lembre-se do ditado: "Aquilo em que você presta muita atenção irá crescer." A atenção é um alimento. Se você der atenção a algo, fará com que cresça ainda mais.

Os biólogos dizem que uma criança cresce mais se for amada porque, através do amor, ela recebe mais atenção. Mesmo uma planta crescerá mais se lhe for dada uma grande atenção. Se for negligenciada, contudo, levará mais tempo para se desenvolver, ainda que todo o resto lhe seja dado: solo adequado, fertilizantes, chuva, sol. É um fato científico, observado e comprovado. Se você amar a planta, prestar muita atenção nela, falar com ela, se algumas vezes disser a ela "Eu te amo", então ela crescerá mais rapidamente.

A atenção é uma vitamina. O que há de mais vital na existência é atenção. Se ninguém o amar, você vai começar a murchar. Se ninguém lhe der atenção, a morte vai se instalar: você passará a querer morrer. Mas, se alguém lhe der atenção, você tornará a viver. A atenção é a vida, é o impulso de vida.

Se ninguém o amar, você irá cometer suicídio por não ser capaz de amar a si mesmo. Se fosse capaz disso, se fosse capaz de dar atenção a si mesmo, não precisaria da atenção de mais ninguém. Um buda pode viver sozinho nesse planeta, mas não você. Se ficar sozinho, irá cometer suicídio imediatamente. Você irá pensar: "Qual o sentido? Por que devo continuar vivo? Quem irá me amar? Quem eu irei amar?"

Atividade/Ação

Ação não é atividade e atividade não é ação. São palavras com naturezas diametralmente opostas. Ação é quando a situação pede uma resposta e você age. Atividade é quando a situação não importa e o que surge não é uma resposta: você está tão irrequieto em seu interior que a situação se torna apenas uma desculpa para ficar ativo.

A ação surge a partir de uma mente silenciosa – é a coisa mais bela do mundo. A atividade surge de uma mente irrequieta – é a mais feia das coisas. Ação é aquilo que possui relevância, enquanto a atividade é irrelevante. A ação se dá a cada momento, de forma espontânea. A atividade traz o peso do passado. Não é uma resposta ao momento presente, mas algo que transborda de sua inquietude, algo que você traz do passado para o presente. A ação é criativa, mas a atividade é muito destrutiva: ela pode destruir você, assim como destruiu outras pessoas.

Atuar

Ser ator é a mais espiritual de todas as profissões, porque todo ator precisa viver um paradoxo: precisa identificar-se com o papel que está desempenhando, mas ainda assim deve permanecer um observador.

Atuando como Hamlet, você precisa estar completamente envolvido com a idéia de ser Hamlet, esquecer de si mesmo completamente durante sua atuação e, ainda assim, no mais profundo de seu ser, permanecer um espectador, um observador. Se ficar completamente identificado com Hamlet, então terá problemas.

O verdadeiro ator precisa viver este paradoxo: atuar como se fosse de fato aquele personagem e, apesar disso, lá no fundo, saber que ele não é aquilo que representa. É por isso que digo que atuar é a mais espiritual das profissões.

Autenticidade

Ser autêntico significa permanecer verdadeiro a seu próprio ser. Mas como permanecer verdadeiro? Há algo importante que deve ser lembrado: nunca ouça o que os outros dizem que você poderia ser. Em vez disso, ouça sempre sua voz interior, o que *você* gostaria de ser. Do contrário, toda a sua vida será desperdiçada.

Lembre-se, seja verdadeiro com sua voz interior. Ela talvez o coloque em perigo... Nesse caso, aceite o perigo, mas permaneça verdadeiro à sua voz interior. Então é possível que, um dia, você atinja um estado no qual poderá dançar, sentindo-se realizado em seu interior. Preste atenção, a primeira coisa é o seu ser; não permita que os outros manipulem e controlem você. Cada pessoa está pronta para controlá-lo, todos querem mudá-lo, todos estão prontos a lhe apontar um caminho sem que você peça. Todos querem lhe dar um guia para sua vida. Esse guia existe dentro de você: o projeto já está aí.

Ser autêntico significa ser verdadeiro para si mesmo. É algo extremamente perigoso, e são raras as pessoas que podem fazer isso. Mas sempre que as pessoas tentam, elas conseguem. E atingem tamanha beleza, tamanha graça, tamanho contentamento, que você nem pode imaginar. Se todos parecem estar tão frustrados, o motivo é que ninguém ouve sua própria voz...

Ouça sempre sua voz interior, e não escute mais nada.

B

Bagagem

À medida que você sobe mais alto, tem que deixar de lado cada vez mais bagagem. Nas planícies você pode carregar muita bagagem, mas quando começar a subir uma montanha terá que decidir o que não é necessário e deixar essas coisas de lado. Em altitudes ainda maiores mais coisas terão que ser abandonadas.

Quando Edmund Hillary atingiu o pico do Everest, ele não tinha bagagem alguma. Estava lá, de pé, sem nada, porque aos poucos tudo teve que ser deixado para trás. Quando ele começou, havia tantas coisas e tanto equipamento, máquinas, tanques de oxigênio... Ele possuía uma mente científica, então carregava toda aquela bagagem, acompanhado por cinqüenta carregadores. Mas aos poucos, em cada acampamento, algo tinha que ser deixado para trás, porque estava se tornando impossível continuar. Já era muito ter que carregar a si próprio. De pé, no topo do Everest, ele estava completamente sem bagagem.

Nos mais altos picos é preciso não carregar peso algum.

Bardo Todol

Toda pessoa que está morrendo possui o direito de saber disso. Os médicos continuam escondendo os fatos muitas vezes por pensarem: "Por que perturbá-lo?" Mas é a incerteza que traz a perturbação, nunca a certeza. Essa zona de incerteza, esse limbo no qual a pessoa se questiona se irá viver ou morrer, essa é a causa de todas as preocupações. Uma vez que esteja certo de que você vai morrer, então não há nada a fazer. Trata-se apenas de aceitar o fato. E dessa aceitação vem uma calma, uma tranqüilidade. Então, se for permitido à pessoa saber que ela irá morrer, no momento de sua morte ela estará em paz.

No Oriente temos praticado isso há milênios. Em países como o

Tibet, algumas técnicas foram desenvolvidas para ajudar os homens a morrer. Chamaram a isso de *Bardo Todol*. Quando uma pessoa está morrendo, amigos, parentes e conhecidos se juntam ao seu redor para lhe dar a certeza absoluta de que ela está de fato morrendo e para ajudá-la a relaxar.

Se você puder morrer em completo relaxamento, a qualidade da morte muda, e seu novo nascimento em outro lugar terá uma melhor qualidade. A qualidade do nascimento é decidida pela morte. Por sua vez, a qualidade do nascimento decide a qualidade de outra morte. É assim que uma pessoa ascende cada vez mais alto, é assim que uma pessoa evolui. E sempre que uma pessoa estiver completamente certa sobre sua morte, uma chama surgirá em seu rosto – você pode ver isso. Na verdade, um milagre acontece: ela se tornará mais viva do que jamais esteve antes.

Batizado

Assim como inventaram o casamento entre crianças, também inventaram a conversão de crianças. É a mesma coisa. Ao levar uma criança para ser batizada, o que você está fazendo? Uma criança não pode se defender, ela nada sabe, e você a leva para ser batizada? Você está tentando torná-la um cristão, você está lhe dando um mestre.

Ou você a está levando para a circuncisão, tornando-a um judeu e dando a ela um rabino. Os hindus fazem o mesmo, os muçulmanos, os jainistas e os budistas também. Toda religião tenta a mesma coisa: converter as crianças à religião de sua família, de seus pais, de seus avós, antes que ela comece a fazer perguntas, antes que comece a questionar. Depois que tenha começado a perguntar: "O que é a verdade? O que é Deus? Quem sou eu?", já não será tão fácil batizá-la. Ela irá dizer: "Primeiro responda às minhas perguntas. Só depois eu me tornarei seu discípulo."

Uma vez que ela seja capaz de questionar, você pensa que será capaz de circuncidá-la? Ela irá circuncidar todos vocês! "Que absurdo é esse? Vocês estão loucos?" Então é melhor correr antes que ela possa criar problemas. Antes disso, já terá sido condicionada, estará cheia de besteiras. Pensará que é um judeu, um hindu, um cristão. Acreditará nisso. Irá ao rabino para saber se tem algum problema, irá procurar o sacerdote, o padre, o ministro. Irá confessar seus pecados.

Bebês

Toda criança nasce em harmonia. É por isso que as crianças são belas. Você já viu algum bebê feio? Isso não existe. Todos os bebês são belos, mas nem todos os adultos são belos. Então, em algum lugar, algo deve ter saído errado. Os bebês têm uma graciosidade, uma enorme elegância, que não tem nada a ver com nenhum tipo de "prática", porque eles não tiveram tempo para praticar nada. Vêm ao mundo sem qualquer ensaio. Eles apenas estão ali: felizes, silenciosos, harmoniosos. Há uma enorme graciosidade em torno deles, como se toda a existência os protegesse. Contudo, aos poucos aprendem as regras e condutas do adulto e algo muda para pior. É então que a feiúra aparece. Os belos olhos podem tornar-se horríveis. Uma bela face pode tornar-se criminosa; um belo corpo pode perder toda a sua graciosidade. Uma bela inteligência... Toda criança nasce inteligente, é assim que as coisas são. Uma criança inteligente pode se tornar burra, medíocre. Essas são realizações humanas.

Aquilo que é errado é humano, enquanto o certo é divino.

Behaviorismo

Não é mera coincidência que os psicólogos continuem a estudar ratos para entender os homens. A princípio, parece estranho: tentar compreender ratos para compreender os homens! Na verdade, não é tão estranho quanto parece, porque a maioria dos homens vive como ratos.

A psicologia de Pavlov é baseada no estudo de cães, e a psicologia de Skinner se fundamenta no estudo de ratos. Ambos estão completamente certos no que diz respeito à maioria da humanidade. Apenas uma vez ou outra estarão errados. Se tentarem aplicar sua psicologia a um Buda, poderão estar errados, mas no que diz respeito à humanidade estão absolutamente certos. O que houve com o homem? Ele perdeu todo o significado e o sentido simplesmente porque se tornou um ser muito covarde. Vive de forma covarde, com medo de qualquer coisa nova.

BUDA

Na terminologia budista, "Buda" é o equivalente de "verdade". Eles não falam muito sobre a verdade: falam muito mais sobre Buda. O que é bem significativo, porque quando você se tornar um Buda – o estado-de-buda é atingir o despertar – a verdade já *é*, então por que falar a respeito da verdade? Basta se perguntar o que é o despertar. Basta se perguntar o que a percepção é, pois quando você está em estado de percepção a verdade está presente. Quando você não está em estado de percepção, não há verdade.

Um Buda é alguém que vive cada momento, que não vive no passado, que não vive no futuro, apenas vive o presente. O estado-de-buda é uma qualidade de estar presente aqui e agora – e o estado-de-buda não é um objetivo: você não precisa esperar, pode simplesmente estar aqui e agora.

BUSCA

A vida é uma busca e não uma pergunta. É um mistério e não um problema. A diferença entre os dois é grande. Um problema precisa ser resolvido, pode ser resolvido, deve ser resolvido, mas um mistério é insolúvel. Um mistério deve ser vivido, experienciado. Uma pergunta precisa ser resolvida para que ela desapareça. Mas, se você encontrar um mistério, tem que se dissolver nele. O mistério permanece, você desaparece. É um fenômeno completamente diferente. Na filosofia o problema desaparece, mas você permanece. Na religiosidade o mistério permanece, mas você desaparece, evapora.

O ego está muito interessado em perguntas e teme os mistérios. As perguntas emergem do ego. Ele brinca com as indagações, tenta encontrar respostas, e cada resposta, por sua vez, traz novas perguntas. É um processo sem fim, e é por isso que a filosofia nunca chegou a uma conclusão.

Perguntas são alimento para a mente.

Toda criança nasce com um desejo de buscar a verdade. Não é algo que ela vá aprender ou adotar em um estágio mais avançado. A verdade significa apenas: "Eu sou, mas não sei quem sou." E a pergunta é natural: "Preciso conhecer a realidade de meu ser." Não é mera curiosidade.

A busca pela verdade é a busca pela realidade de seu ser.

C

Cálculo

Uma vida pode ser vivida de duas formas – como um cálculo ou como uma poesia. Os homens possuem dois lados em seu ser interior: o lado calculista, que cria a ciência, os negócios e a política; e o lado não-calculista, que cria a poesia, a escultura e a música. Esses dois lados ainda não foram reunidos, eles têm uma existência independente. Por causa disso os homens se encontram enormemente empobrecidos, permanecem desnecessariamente divididos. É fundamental que esses dois lados sejam reunidos.

Na linguagem científica costuma-se dizer que o cérebro possui dois hemisférios. O hemisfério esquerdo calcula, é matemático, gera a prosa. O hemisfério direito é responsável pela poesia, pelo amor e pela música. De um lado a lógica, do outro o amor.

Eu me esforço para juntar esses dois hemisférios.

Os homens deveriam ser extremamente científicos, pelo menos no que diz respeito ao mundo objetivo, e tão musicais quanto possível no que diz respeito ao mundo dos relacionamentos.

Caminho

Um dos caminhos para a verdade – o caminho do auto-aperfeiçoamento – está ligado ao tempo e à memória. Não tem nenhuma relação com a eternidade. Mas a verdade é eternidade.

O segundo caminho para a verdade, o caminho da iluminação, sempre foi chamado pelos mestres zen de "caminho sem caminho" porque não se parece nem um pouco com um caminho. Não pode se assemelhar a um caminho, mas, apenas para que possamos nos comunicar, iremos chamá-lo arbitrariamente de "o segundo caminho". O segundo caminho não faz parte do tempo, faz parte da eternidade. Então ele acontece instantaneamente, acontece no presente. Você não pode desejá-lo, não pode cobiçá-lo. Dizem que o caminho da iluminação é como um pássaro voando no céu: não deixa pegadas atrás de si, pois ninguém pode seguir as pegadas de um pássaro. Todo pássaro terá que criar suas próprias pegadas, mas elas desaparecem imediatamente enquanto o pássaro continua a voar.

Caos

O caos é sempre bom. A ordem é sempre morte. A partir do caos nasceram as estrelas; a partir da ordem saíram apenas pessoas como Adolf Hitler. Portanto, não vejo nada de errado no caos. No entanto, quando está tudo em ordem, as coisas tornam-se um campo de concentração. O caos possui uma beleza. Liberdade é apenas outro nome para o caos.

Capitalismo

O capitalismo é o primeiro sistema no mundo que cria capital, gera riquezas e prosperidade. Antes havia o feudalismo, mas ele nunca produziu riquezas: no feudalismo as pessoas eram exploradas, roubadas. A riqueza que os reis tiveram no passado era um crime. Vinha da exploração, de bens retirados à força das pessoas, dos pobres. Ela não era criada pelos reis.

O capitalismo é o primeiro sistema a criar prosperidade. É necessária a presença de inteligência para se criar prosperidade. E a menos que nós possamos produzir tanta riqueza que a mesma chegue ao ponto de perder seu significado; a menos que possamos estabelecer um padrão de prosperidade e riqueza tão alto que mesmo os pobres fiquem ricos... ninguém pode comer "riqueza" – o que você vai fazer com isso? Há um ponto de saturação. E, quando o capitalismo chegar a esse ponto de saturação, apenas então veremos o florescimento do comunismo. É por isso que chamo minha comunidade de "comuna". A palavra comunismo vem de "comuna".

Eu acredito no capitalismo. Talvez eu seja a única pessoa em todo o mundo a dizer tão claramente que acredito no capitalismo, porque essa é a primeira vez na história da humanidade em que há um sistema organizado para criar prosperidade e riqueza, e que pode gerar tanta prosperidade que, junto com a ciência e a tecnologia científica que traz consigo, não haverá mais razão para a pobreza. Não será necessário distribuir as riquezas, elas já estarão distribuídas automaticamente. Não será necessária a presença de uma "ditadura do proletariado". O capitalismo pode permanecer completamente dentro dos ideais e padrões da democracia, respeitando a individualidade, a liberdade de expressão. Ele não destrói nada.

Minha abordagem, portanto, é que temos que disseminar a idéia de criar prosperidade e riquezas, e não a de distribuí-las. O que você irá distribuir se não tiver nada?

Caridade

Todas as religiões têm servido aos pobres durante milhares de anos, e a pobreza continua crescendo. Isso é um serviço de fato? Se fosse, ao longo de todos esses anos a pobreza teria desaparecido. Na verdade, estão alimentando a pobreza.

Um verdadeiro serviço seria dizer aos pobres: "Você está sendo explorado e deve se revoltar contra a injustiça." A menos que os pobres entendam que sua pobreza é causada por algumas poucas pessoas que o estão explorando, sugando seu sangue... A pobreza não é causada por suas vidas passadas ou más ações, mas pelo sistema social que depende dessa exploração.

As religiões precisam estar cientes de que têm desempenhado esse papel durante séculos. E qual o resultado? Podemos conhecer uma árvore pelos seus frutos: se os frutos estão podres, a árvore não tem muito valor. "Serviço" parece ser uma bela palavra para ocultar uma estrutura social baseada na exploração. Soa tão bem – *servir aos pobres* – que parece uma grande virtude.

Carisma

Você já percebeu que, quando um político está em público, com milhões de pessoas à sua volta, olhando para ele, há um orgasmo sutil em andamento? O político se sente muito feliz: todas aquelas pessoas lhe dando atenção; toda aquela vitalidade jorrando em sua direção; toda a vibração fluindo em sua direção – tudo isso se junta com sua própria vibração, e há um grande orgasmo. Ele se torna radiante, ele explode. Porém, quando um político está passando por um mau momento, está enfrentando o fracasso, então toda a sua aura, todo o seu carisma, desaparece.

Observe um político em um momento de fracasso, e você ficará surpreso ao ver como aquele homem, que era tão poderoso, tornou-se tão impotente e perdeu todo o seu carisma.

Carma

É certo que cada ação produz seu resultado, mas não em algum lugar distante em uma vida futura. A ação e o resultado são contínuos, eles são parte de um processo. Você pensa que semear e fazer a colheita são ações separadas? Ambos são um único processo. Aquilo que começa com a semeadura cresce e, um dia, uma semente se transforma em milhares de sementes. É o que você chama de sua colheita. É a mesma semente que explodiu em milhares de sementes. Não há qualquer intervenção da morte, não é necessário pensar em vida após a morte: é um contínuo.

Portanto, o que deve ser lembrado é que toda ação, de fato, terá suas conseqüências, mas estas não vão acontecer em nenhum outro lugar: você irá presenciá-las aqui e agora. Muito provavelmente elas se farão presentes quase simultaneamente.

Quando é gentil com alguém, você não sente uma alegria? Uma paz interior? Um senso de propósito? Você não se sente contente com o que fez? Há uma certa satisfação interna. Você já sentiu esse mesmo contentamento quando estava zangado, cheio de ódio, fez mal a alguém, estava louco de raiva? Alguma vez sentiu essa paz, esse silêncio surgindo dentro de você? Não, isso é impossível. Você certamente irá sentir algo, mas será uma tristeza, porque novamente agiu como um tolo, porque fez a mesma coisa idiota que havia decidido várias vezes que não faria.

Casamento

O casamento é uma grande lição, é uma oportunidade para aprender algo: para aprender que dependência não é amor, que depender (de alguém) significa conflito, raiva, ódio, inveja, possessividade, dominação. É necessário aprender a não ser dependente. Mas, para isso, você irá precisar de uma grande qualidade meditativa, de forma que você também possa estar tão pleno de êxtase em si mesmo que não precise mais do outro. Quando você não precisa do outro, a dependência desaparece. Quando não precisa do outro, você pode compartilhar sua alegria, e compartilhar é um belo ato.

Eu gostaria que houvesse outro tipo de relações no mundo. Eu as chamo de "relações" apenas para torná-las diferentes de "relacionamentos". Eu gostaria que houvesse outro tipo de casamento no mundo. Não irei chamá-lo de casamento porque essa palavra se estragou. Eu gostaria de chamar isso apenas de amizade. Sem qualquer vínculo legal, apenas um "estar juntos" amoroso. Sem promessas para o futuro: esse momento já basta. E se duas pessoas se amarem nesse momento, e se duas pessoas gostarem de estar juntas nesse momento, se for possível compartilharem mutuamente esse momento, então o próximo momento brotará desse, e será enriquecido. Conforme o tempo passar, seu amor se tornará mais profundo, começará a tomar novas dimensões, mas não criará amarras.

Catarse

Primeiro, o grande gorila precisa ser libertado – ou seja, tudo aquilo que está reprimido em você e que faz de você esse grande gorila. Remover o grande gorila de seu ser é a limpeza mais profunda, a catarse mais profunda. E quando toda a animalidade tiver saído, o estado-de-buda não estará longe, será apenas mais um passo.

O estado-de-buda é seu direito de nascença, e o grande gorila é apenas seu condicionamento. Sua sociedade continua mandando que você reprima muita coisa, e, num instante, a parte reprimida de seu ser se torna tão grande que você se flagra sentado sobre um vulcão, que pode entrar em erupção a qualquer momento. Melhor, então, deixar que isso tudo saia antes que haja uma erupção.

A primeira coisa a fazer é tornar-se o grande gorila, com intensidade e totalidade.

Antes que possa atingir os lugares mais elevados, terá que se livrar de muito lixo, muita bagagem que você tem carregado durante várias vidas. Eu preparei meu programa de meditações de tal forma que, primeiro, o grande gorila possa ser expulso através da catarse. É isso o que acontece na Meditação Dinâmica: você permite que seu grande gorila seja libertado, sem inibições. Se você mantiver o grande gorila dentro de si, todos ficarão felizes com você, mas você jamais encontrará a paz. Por isso eu digo: deixe-o sair. Ele irá evaporar-se no ar e aquilo que sobrar será puro espaço.

Celebração

Você algum dia já pensou por que, em todo o mundo, em todas as culturas, todas as sociedades, há sempre alguns dias no ano destinados à celebração? Esses dias de celebração são apenas uma compensação, porque essas sociedades tiraram toda a celebração de suas vidas e, se não houver alguma forma de compensação, a vida de um indivíduo poderá tornar-se um perigo para uma determinada cultura. Essa compensação lhe é dada para que você não se sinta completamente imerso em miséria, em tristeza. Mas essas compensações são falsas.

O show de fogos e luzes não fará com que você fique feliz. É coisa para crianças. Para você, é apenas um aborrecimento. Mas em seu mundo interior pode haver fogos, canções e alegrias.

Lembre-se sempre de que a sociedade compensa você quando ela sente que aquilo que foi reprimido pode explodir em uma situação perigosa se não houver alguma compensação. A sociedade, então, encontra alguma forma de permitir que você deixe vazar o que está reprimido. Mas isso não é uma verdadeira celebração, não pode nunca ser verdadeira.

Uma verdadeira celebração deve vir de sua vida, deve *estar* na sua vida. A vida deve ser uma celebração contínua, um festival de fogos e luzes durante o ano inteiro.

Chá

Você talvez tenha ouvido falar de Bodhidharma, um dos maiores mestres da meditação em toda a história da humanidade. Conta-se uma bela história sobre ele.

Ele estava concentrado em algo – algo externo. Seus olhos piscavam e ele perdia a concentração, então ele arrancou suas pálpebras. Essa é uma bela história: arrancou as pálpebras, jogou-as longe e concentrou-se. Após algumas semanas, ele viu umas plantas crescendo no lugar onde havia jogado suas pálpebras. Isso aconteceu em uma montanha na China, e o nome da montanha era Tah, ou Tá. É daí que vem o nome "chá". Essas plantas que cresceram tornaram-se chá, e é por isso que o chá ajuda você a ficar acordado.

Quando seus olhos estiverem piscando e você estiver caindo no sono, tome uma xícara de chá. Essas são as pálpebras de Bodhidharma. É por isso que os monges zen consideram o chá sagrado. No Japão há cerimônias do chá, e toda casa possui uma sala de chá. O chá é servido com uma cerimônia religiosa, pois é sagrado. Precisa ser tomado em estado de meditação.

O Japão criou belas cerimônias em torno do chá. Os japoneses entram na sala de chá como se estivessem entrando em um templo. Então o chá é preparado, e todos se sentam, silenciosamente, ouvindo o samovar borbulhar. Há vapor, ruídos, e todos ficam ouvindo, apenas isso. Não é um ato ordinário, são as pálpebras de Bodhidharma. E como Bodhidharma estava tentando ficar acordado, com os olhos abertos, o chá ajudou.

Fato ou lenda, é uma bela história.

Chakras

O que os iogues chamam de "chakras"? Os vórtices de energia, os redemoinhos de energia, os sete chakras. Bauls os chama de "os sete lótus".

Temos, portanto, sete chakras. Em cada chakra você é uma pessoa diferente. No primeiro chakra, o centro do sexo, você é apenas um animal. Um pouco acima dos animais, mas não muito longe disso, está no limite. Abaixo de você se encontra o mundo animal, acima está o mundo da humanidade, e você está exatamente no limite. É por isso que as religiões se opõem tanto ao sexo, porque ele é o ponto mais alto para os animais e o ponto mais baixo para os homens. Se você permanecer centrado no sexo, será apenas um animal mais elevado, nada além disso.

Quando a energia se move para o segundo centro, você se torna o homem número dois. Novas qualidades são desenvolvidas. Se a energia se mover para o terceiro centro, novamente outras dimensões se abrirão para você. Finalmente, quando a energia atingir o último centro, o *sahasrar*, você terá transcendido a humanidade: não será mais um homem. E a menos que o homem possa transcender a humanidade, ele não poderá encontrar o ponto mais elevado. Todo homem deve transcender a si mesmo. Somente então ele estará realizado.

Civilização

Essa idéia de que nos tornamos civilizados é muito perigosa. Ela impede que nos tornemos civilizados *de fato*, pois, uma vez que tenha sido aceito o fato de que somos civilizados, não há mais necessidade de nos empenharmos nessa direção. Da mesma forma, se você aceita que está com saúde, não há necessidade de tratar de nenhuma eventual doença. A primeira coisa a ser reconhecida é que você está doente! Somente então algo poderá ser feito em benefício de sua saúde. Mas, se você negar a doença, o que tem sido feito durante séculos por aqueles a quem vocês chamam de políticos... Eles negam que sejamos pessoas não-civilizadas, dizem que somos civilizados. E essa camuflagem impede que nos tornemos de fato civilizados. Aceitamos completamente a idéia e esquecemos que temos que verificar se ela é verdadeira ou não. Certamente não é verdadeira.

Cobra

Você já deve ter visto esse símbolo, pois é antigo e cheio de significados: uma cobra comendo seu próprio rabo. Muitas das antigas escolas de magia ou mistérios usaram esse símbolo. Uma cobra comendo o próprio rabo significa uma virada de 180°. A cobra está voltada para si mesma, a consciência enrolou-se sobre si mesma.

A cobra tem representado a sabedoria em quase todas as culturas do mundo. Jesus disse: "Que você seja sábio como uma cobra." No Oriente, a cobra (a serpente) tem simbolizado a energia interior do homem, a energia *kundalini*. Por isso essa energia é chamada de "poder da serpente". Ela fica enrolada no mais baixo centro de seu ser, e, quando se desenrola, a cobra começa a se estender para cima.

Isso significa apenas que há algo nas cobras que pode ser usado como metáfora. Uma cobra pode morder o próprio rabo, mas os cachorros não. Eles tentam, como você já deve ter visto, e quanto mais tentam, mais tontos ficam, porque o rabo está sempre girando junto com eles. Pensam que é algo separado e tentam pegá-lo, mas não conseguem. Apenas uma cobra pode fazer isso.

O mesmo acontece com a iluminação: sua energia começa a se mover em torno de si mesma, ela se torna um círculo.

Colapso e superação

Em inglês há duas palavras muito belas, de grande significado: uma é *breakdown* (colapso), a outra é *breakthrough* (superação). *Breakdown* (colapso) é quando você nada sabe sobre meditação e sua lógica se torna irrelevante. Você não sabe como atingir seu coração, e sua cabeça tornou-se completamente sem sentido para você, então há um *breakdown* (colapso), você fica louco. Mas se você conhece o estado de meditação, que é a arte de transformar os opostos em complementares, então há um *breakthrough* (superação): você entra em um novo mundo, uma nova visão, uma nova perspectiva.

De certa forma você está louco outra vez. É por isso que Jesus é conhecido como um louco. São Francisco costumava dizer-se louco, e para todos os fins práticos ele era louco. Buda e Mahavira também foram loucos, em certo sentido. Claramente não eram "sãos" da forma como você entende a palavra, eles se encontram em outro plano, abaixo ou acima de você, mas uma coisa é certa: eles estão em algum outro plano. Se estão abaixo de você, é um *breakdown* (colapso). Se estão acima de você, é um *breakthrough* (superação). A meditação é a arte de transformar a loucura em um estado-de-buda. A meditação é a arte de levar você para além da lógica e ainda assim manter sua sanidade intacta. A meditação é a maior descoberta já feita, e não creio que haverá outra capaz de ultrapassá-la.

Compaixão

Apenas a compaixão é terapêutica, porque tudo que é doentio nos homens se deve à falta de amor. Tudo que há de errado com os homens está de alguma forma associado a essa falta de amor. O sofrimento vem de não ter sido capaz de amar ou de não ter sido capaz de ser amado. Não ter sido capaz de compartilhar seu ser. É essa a dor, é isso que gera vários complexos dentro de nós.

Essas feridas internas podem se manifestar de várias formas: podem tornar-se doenças físicas ou distúrbios psíquicos, mas, lá no fundo, o sofrimento se deve à falta de amor. Assim como o alimento é necessário para o corpo, o amor é necessário para a alma. O corpo não pode sobreviver sem alimento, e a alma não pode sobreviver sem amor.

Compreensão

A compreensão é algo completamente diferente do conhecimento. O conhecimento vem por empréstimo, a compreensão é sua. O conhecimento vem de fora, a compreensão vem de dentro. O conhecimento é vil, porque é de segunda mão. E nunca pode tornar-se parte de seu ser. permanecerá estrangeiro, estranho, não pode criar raízes dentro de você.

A compreensão cresce a partir de você, é seu próprio florescer; é autenticamente sua e, portanto, possui beleza, é libertadora.

Concentração

A concentração lhe dá a "visão de túnel". Você já observou um túnel? Do ponto em que você está olhando, parece ser grande. Mas se o túnel for realmente longo, a outra extremidade será apenas uma pequena luz, nada mais. Quanto mais longo o túnel, menor será a outra extremidade. Você tem que se concentrar, e manter o foco é sempre algo que exige uma certa tensão.

A concentração não é natural para a mente.

A mente gosta de vagar, de flutuar de uma coisa para outra. Fica sempre excitada com novas coisas. Em estado de concentração, a mente está quase aprisionada.

A concentração, na prática, requer a convergência de todas as energias de sua mente e de seu corpo para que essas sejam canalizadas para uma abertura mínima. É cansativo.

Condicionamento

Antes mesmo que uma criança possa lhe fazer uma pergunta você já terá enchido a cabeça dela com uma resposta.

Isso é programação, é condicionamento.

Confiança

A confiança é um mistério, e essa é a primeira coisa que deve ser compreendida: a confiança não pode ser explicada. Posso lhe dar algumas indicações a respeito, mas serão apenas dedos apontando para a Lua. É algo que não pode ser explicado ou definido.

A confiança é a mais alta forma do amor, é o núcleo essencial do amor. O amor em si é um mistério, indefinível, mas o amor é como uma circunferência cujo centro, cuja própria alma, é a confiança. O amor é como um templo, e a confiança, o santuário mais profundo desse templo.

Em geral as pessoas pensam que confiança significa fé. Isso está errado, a confiança não significa fé. A fé é emocional, sentimental. A fé cria fanáticos. Hindus, muçulmanos, cristãos, essas são as pessoas que têm fé. A confiança apenas cria uma qualidade, um sentido de religiosidade. A confiança nunca fará de alguém um hindu, um muçulmano ou um cristão. A fé vem por empréstimo: emprestada de seus pais, da sociedade na qual você nasceu. A fé é acidental. As pessoas seguem uma fé por medo ou por ganância, mas não por amor. A confiança nasce do amor.

A fé é egoísta, e por isso é fanática. A fé vem por empréstimo, o que a torna vil. A fé é uma prisão, porque você foi forçado em sua direção através de estratégias sutis. Isso não é confiança. A confiança é algo completamente diferente, com uma outra qualidade. É seu próprio crescimento que faz com que você confie, sua própria experiência, seu próprio aprendizado. A fé é trazida por um condicionamento, mas a confiança surge do incondicional. É preciso deixar de lado a fé para que se possa obter a confiança.

Há outra coisa da qual é importante lembrar-se: a confiança também não é crença. A crença é outro truque da mente para reprimir a dúvida. Os homens nascem com milhões de dúvidas, o que é natural, é um presente da natureza. Apesar disso, a dúvida lhes trazem problemas. A dúvida é uma espada – corta todas as crenças, é um caminho perigoso.

O caminho para a verdade é necessariamente perigoso, porque a verdade é o mais alto cume. Quanto mais alto você se move em direção ao Everest, mais perigosa se torna a jornada. Um único passo em falso e você estará perdido para sempre. Se você duvidar e continuar duvidando, chega um momento no qual tudo aquilo em que já acreditou desaparece, se evapora. É quase um estado de loucura. É possível cair a qualquer momento no abismo que está ao seu redor. Se você cair, é um colapso. Se você se mantiver alerta e perceptivo, observador, cuidadoso, então será uma superação.

A confiança é a superação mais profunda. Permite que você conheça a verdade por conta própria. E a verdade só traz libertação quando for sua: a verdade de outra pessoa não pode liberar ninguém. Cria vínculos, só isso.

Conhecimento

O conhecimento tem seus usos, ele não é completamente inútil. Mas se você está se voltando para dentro, ele se torna cada vez menos útil. Quanto mais fundo você vai, menos útil ele é. Se você estiver voltado para fora, quanto mais mergulhar no mundo, mais útil ele se torna. O mundo respeita as pessoas que possuem conhecimentos. Ele precisa de especialistas e de pessoas que possuam informações, conhecimento e expertise. Mas no mundo interior essa questão não importa. No mundo interior, esse mesmo conhecimento se torna um empecilho. Aquilo que é útil no mundo exterior, que é uma ponte para o mundo, se torna uma barreira para a exploração interior.

O conhecimento tenta controlar. O conhecimento torna você poderoso. A ignorância o torna humilde. Então lembre-se de não tornar-se muito culto. Não permita que os conhecimentos se empilhem ao redor de você. O conhecimento é acumulado a cada dia através da experiência. Portanto, a cada dia, livre-se dele. É como poeira que se acumula no espelho da consciência.

Consciência

A sociedade colocou dentro de você as idéias dela, que funcionam como se fossem a sua consciência. Mas, na verdade, não permitem que sua verdadeira consciência se manifeste, não permitem que sua própria consciência surja e tome conta de sua vida.

A sociedade é extremamente política. Do lado de fora, colocou de guarda policiais e juízes. Do lado de dentro, colocou de guarda a consciência. Esse é o policial interior, o juiz interior. E, não estando ainda satisfeita com esse esquema, colocou de guarda, acima de tudo, um Deus, o superpolicial, o tribunal superior. Ele está vigiando tudo, em toda parte: mesmo quando você está no banheiro, ele o está vigiando. Alguém o segue continuamente, você nunca está sozinho para ser você mesmo.

~

Ao andar, ao sair para uma caminhada matinal, de certa forma você está em movimento e de certa forma não está. Seu corpo se move, sua mente se move, mas sua consciência é a mesma. Você foi uma criança, tornou-se um jovem, depois ficará velho. Tudo se moveu e, ainda assim, nada se moveu: sua consciência permanece a mesma.

Por isso, se você não tiver registros, se não tiver uma certidão de nascimento, se não tiver um calendário, fica difícil julgar sua idade. Se fechar seus olhos e tentar descobrir qual é a sua idade, você não conseguirá.

Digamos que lhe mostrem um retrato, ou uma série de retratos: você não irá acreditar que "aquele" é você. Você acha que consegue se reconhecer, no primeiro dia, no útero de sua mãe? Naquele momento você era apenas um ponto, invisível ao olho nu: era preciso um microscópio para vê-lo. Ainda assim, todas essas mudanças são secundárias. No centro, você continua sendo o mesmo. Nada mudou, nada nunca muda.

Observe quando você sair para sua próxima caminhada: o corpo se move, mas algo em você permanece constante.

Conselhos

Ouça-os, mas não os siga. Ouça-os bem, mas siga seus próprios insights, e não os conselhos dos outros. Ainda assim, ouça de forma meditativa, procurando entender o que estão lhe dizendo. Pode ser que sejam, de fato, pessoas bem-intencionadas, mas, se você começar a seguir algo cegamente, nunca irá desenvolver sua própria inteligência. Continuará dependente de muletas, estará sempre esperando que os outros lhe digam o que fazer e o que não fazer. Você irá sempre depender de líderes, o que não é muito saudável.

Algumas pessoas são muito experientes e, se elas estiverem dispostas a compartilhar suas experiências, seria tolo de sua parte não ouvi-las. Ao compartilhar as experiências dos outros, você poderá ter grandes insights. Isso irá ajudá-lo a tornar-se mais perceptivo, mas nunca siga cegamente o que lhe disserem.

As pessoas tomam as coisas literalmente e, então, tornam-se cegas. Se há alguém para lhe dar tudo de que você precisa, qual a necessidade de ter seus próprios olhos? E, quando há alguém que mastiga tudo para você, qual a necessidade de mastigar por sua própria conta? Lentamente você se tornará cada vez mais fraco, mais empobrecido, cada vez mais faminto.

Cometa tantos erros quanto puder, mas não cometa o mesmo erro duas vezes, pois isso seria burrice. Cometa sempre novos erros, *invente* novos erros, e você estará aprendendo o tempo todo, sua inteligência crescerá o tempo todo.

Sua inteligência precisa ser aguçada. Um verdadeiro amigo o ajuda a aguçar sua inteligência. Ele não lhe dará conselhos resolvidos e acabados porque seriam inúteis. Aquilo que é verdadeiro hoje pode não mais ser verdadeiro amanhã, e o que está certo em uma situação pode estar errado em outra.

Coração

Liberte a energia de sua cabeça – ela está aprisionada lá – e permita que ela se mova para dentro do seu coração e, de lá, para dentro do ser, que é o seu centro real. O coração fica a meio caminho entre a cabeça e o ser. Pensar vem da "cabeça": ela cria perguntas e nunca lhe dá respostas. É o mundo da filosofia, o mundo do tolos. Abaixo dela há o mundo dos sentimentos, o coração: é o mundo do poetas.

Você já observou esse fato curioso? Os filósofos perguntam e os poetas respondem. Toda poesia é uma resposta, nenhuma poesia é uma pergunta. Nenhuma poesia traz pontos de interrogação, é sempre uma resposta. O coração responde! Portanto, é bem melhor vir para o mundo dos sentimentos, é mais sábio.

Mas, ainda assim, você está um pouco longe de um insight absolutamente nítido, porque quando o insight é nítido não há nem mesmo uma resposta, quanto mais uma pergunta... Nem mesmo uma resposta! O filósofo pergunta, o poeta responde, e o místico não se interessa nem pelo questionamento nem por formular respostas. Se você se dirigir a um místico, todo o trabalho dele será o de destruir suas perguntas, suas respostas, tudo que você estiver carregando consigo, para torná-lo completamente vazio. É a partir desse momento que o insight começa a funcionar: você se torna puro.

Coragem

Coragem significa arriscar o conhecido em nome do desconhecido, o familiar pelo não-familiar, o que é confortável pela peregrinação desconfortável e árdua rumo a outro destino. Não é possível saber se você conseguirá fazer a travessia ou não. É uma aposta, mas apenas os que apostam sabem o que é a vida.

Cordialidade

A cordialidade é uma qualidade e não uma relação. Não tem nada a ver com outras pessoas, é basicamente sua qualidade interior. Você pode ser amigável mesmo quando estiver sozinho, mas não manter uma amizade quando estiver sozinho: o outro é necessário. Mas a cordialidade é uma espécie de fragrância. Uma flor desabrocha na selva: ninguém passa por perto, mas ainda assim ela terá uma fragrância. Não importa se alguém vier ou não a saber disso, é uma qualidade da flor. Mesmo que ninguém nunca saiba, ela está alegre, contente.

Uma amizade só pode existir entre duas pessoas, ou, no mínimo, entre uma pessoa e um animal – um cavalo, um cachorro. Mas a cordialidade pode existir até mesmo em uma pedra, em um rio, em uma montanha, uma nuvem, uma estrela distante. A cordialidade é ilimitada porque não depende do outro: ela floresce por sua própria conta.

Corpo

Ouça seu próprio corpo. O corpo possui uma grande sabedoria. Se você o ouvir com atenção, estará sempre certo. Contudo, se não o ouvir e continuar forçando-o a fazer coisas, você nunca estará feliz. Será infeliz, estará doentio, desconfortável, sempre preocupado e desorientado.

Um dos motivos pelos quais os homens permanecem incivilizados é a divisão entre mente, corpo e alma. Essa divisão tem sido propagada por todas as religiões do mundo. Elas têm condenado o corpo, e algumas chegam a condenar a mente também. Enquanto isso, todas fazem louvores à alma. O resultado não foi exatamente o que se esperava. O resultado foi um estranho envenenamento da humanidade. As pessoas não deixaram de lado seus corpos, não deixaram de lado suas mentes, mas adquiriram um sentimento de culpa a respeito de ambos. Perderam o auto-respeito, perderam contato com a sabedoria de seus próprios corpos e, ainda, perderam o domínio de suas próprias mentes. A realidade é que, a menos que todas as três funcionem em uma unidade totalmente orgânica, os homens não estarão inteiros, completos.

Crença

As crenças são dirigidas pelo medo. Você gostaria de acreditar que é imortal, mas uma crença é apenas uma crença, algo "pseudo", falso, algo que não é exatamente aquilo que parece, que foi pintado de fora para dentro.

Aquele que acredita não pode ser alguém que busca. Aquele que acredita deseja *evitar* a busca, é por isso que ele acredita. Aquele que acredita deseja ser libertado, salvo, ele precisa de um salvador. Está sempre à procura de um messias – alguém que possa comer por ele, mastigar por ele, digerir por ele. Mas, se eu comer, sua fome não será saciada. Ninguém pode salvá-lo a não ser você mesmo.

Os que acreditam são as pessoas mais medíocres do mundo.

Crescimento

O crescimento não é suave, é doloroso. Todo crescimento vai em direção ao desconhecido, em direção àquilo que é suave, frágil, indefinido. O crescimento é um subproduto da busca pela verdade.

O crescimento mais profundo é dizer *sim* com tanta alegria como uma criança diz *não*. Essa é uma segunda infância. E o homem capaz de dizer sim com enorme liberdade e alegria, sem hesitação, incondicionalmente – uma alegria pura e simples, um sim puro e simples –, esse homem se tornou um sábio. Esse homem vive novamente em harmonia. E sua harmonia tem uma dimensão completamente diferente daquela das árvores, animais e pássaros. Estes vivem em harmonia porque não podem dizer não, enquanto o sábio vive em harmonia porque ele *não diz não*. Entre os dois extremos, os pássaros e os budas, estão todos os seres humanos – não-adultos, imaturos, infantis, presos em algum lugar, ainda tentando dizer *não* para ter alguma sensação de liberdade.

Então aprenda a dizer *não* quando for tempo de dizer *não*, mas não fique preso nisso. Lentamente, aos poucos, perceba que há uma liberdade superior que vem com o *sim*, e também uma maior harmonia.

Criatividade

A criatividade não tem nada a ver com qualquer trabalho em particular. A criatividade está relacionada com a qualidade de sua consciência. Qualquer coisa que fizer poderá ser criativa se você souber o que a criatividade significa.

A criatividade significa estar envolvido em qualquer trabalho, como se fosse uma meditação, significa fazer qualquer trabalho com grande amor. Se você amar e estiver limpando essa sala, isso é criativo. Se você não amar, então é claro que será uma tarefa, um dever a ser cumprido, será um peso. Então você desejará encontrar algum outro momento para ser criativo. O que você fará nesse outro momento? Encontrará algo melhor para fazer? Você acha que, se estiver pintando, se sentirá uma pessoa criativa?

A pintura é uma atividade tão comum quanto limpar o chão. Você estará jogando cores em uma tela. Aqui você está lavando e limpando o chão. Qual a diferença? Algumas vezes, conversando com alguém – um amigo, talvez –, você sentirá que seu tempo está sendo desperdiçado. Você gostaria de estar escrevendo um grande livro, pois então estaria sendo criativo. Mas um amigo chegou, e um pouco de conversa fiada é algo belo. Seja criativo.

Culpa

A culpa é o segredo de todas as "religiões oficiais". Criam culpa nas pessoas, fazem com que se sintam mal consigo mesmas. Não deixam que conduzam suas próprias vidas, fazem com que se sintam condenadas. Deixam as pessoas sentirem, lá no fundo, que são todas feias, não possuem valor algum, são pó – e então é claro que elas estarão prontas para serem guiadas por qualquer tolo. Estarão mais do que prontas para tornarem-se dependentes, na esperança de que "alguém nos leve à mais elevada luz". Essas são as pessoas que têm explorado vocês durante séculos.

Os homens se encontram em tamanho estado de inconsciência que, o que quer que façam, só aumentam seu sofrimento e o sofrimento de outros. Continuam culpando o destino, continuam culpando a natureza, continuam culpando a sociedade: estão sempre culpando os outros, mas nunca a si mesmos.

A partir do momento em que você reunir coragem suficiente para culpar a si mesmo, a partir do momento em que aceitar a responsabilidade daquilo que você é, um raio de luz entrará em você. Você estará, então, no caminho da transformação interior.

Cura

A palavra *healing* (cura), em inglês, vem da mesma raiz que a palavra *whole* (todo, inteiro). *Whole, health, healing, holy* – todo, saúde, cura e sagrado – vêm da mesma raiz em inglês.

Ser curado (*healed*) significa ser unido ao todo. Estar doente significa estar desconectado do todo. Uma pessoa doente é alguém que desenvolveu barreiras entre si mesma e o todo, então algo está desconectado. A função do *healer* é reconectá-lo. Mas quando eu digo que a função do *healer* é reconectá-lo, não quero dizer que ele tenha que fazer algo. O *healer* é apenas uma função. *Healing* é como respirar, é algo natural. Se alguém está doente, significa que essa pessoa perdeu a capacidade de curar-se sozinha. Não consegue mais perceber a fonte de sua própria cura. O *healer* existe apenas para ajudar essa pessoa a se reconectar. Essa fonte é a mesma da qual o *healer* extrai sua própria energia, mas aquele que está doente não consegue mais entender a linguagem da fonte. O *healer* está conectado ao todo, então ele pode tornar-se uma via de passagem. O *healer* toca o corpo da pessoa doente e, assim, estabelece um vínculo entre a pessoa e a fonte. O paciente não está mais conectado diretamente com a fonte; então o *healer* faz com que esteja indiretamente conectado. Uma vez que a energia começar a fluir, ele estará curado.

D

Dançar

Dançar é uma experiência, um experimento para colocar seu corpo, sua mente, sua alma em harmonia. Dançar é uma das coisas mais cheias de ritmo. Se você estiver realmente dançando, não haverá nenhuma outra atividade que crie tamanha unidade. Se você estiver sentado, o corpo não estará sendo usado, você estará usando apenas sua mente. Se você estiver correndo muito rápido, fugindo, então você usará seu corpo e não sua mente. Mas, ao dançar, você não estará nem sentado nem fugindo. É um movimento gracioso, alegre. O corpo se move, a energia flui, a mente se move, a mente está fluindo. E quando corpo e mente estão fluindo, ambos se fundem. Corpo e alma se tornam um só, surge uma alquimia.

Dentro

Um dos maiores mistérios da vida é por que nascemos com o êxtase mais perfeito em nosso ser, mas permanecemos miseráveis porque nunca olhamos dentro de nós mesmos. Achamos que não importa, como se já conhecêssemos tudo o que está dentro de nós. Essa é uma idéia muito idiota, mas que prevalece em todo o mundo. Estamos prontos para ir até a Lua buscar e pesquisar o êxtase, mas não estamos dispostos a mergulhar em nosso próprio interior pelo simples motivo que nós já pensamos, sem nunca termos entrado fundo: "O que pode haver aí dentro?"

De alguma forma, continuamos com essa noção de que conhecemos a nós mesmos. Mas não nos conhecemos nem um pouco.

Sócrates está certo quando diz: "Conhece a ti mesmo." Nessas quatro palavras se encontra, condensada, a sabedoria de todos os sábios, porque, ao conhecer a si mesmo, tudo torna-se conhecido, tudo é realizado e tudo é conseguido.

Não precisamos nos tornar perfeitos, porque já nascemos perfeitos. E não precisamos inventar o êxtase, basta descobri-lo. Portanto não é um assunto tão difícil quanto as pessoas pensam. É um processo muito simples de relaxar, descansar e lentamente ir se centrando.

No dia em que você encontrar seu centro, subitamente tudo será luz: você encontrou o interruptor. É exatamente como tatear em um quarto escuro: você vai tateando até encontrar o interruptor, e então tudo é luz. Mas uma pessoa pode ficar sentada na escuridão, durante toda a noite, chorando e soluçando bem embaixo do interruptor. Essa é exatamente a situação, nós estamos chorando e soluçando sem necessidade.

Portanto, aqueles que já descobriram isso possuem uma sensação curiosa a respeito das outras pessoas. Sentem uma grande compaixão e também acham muito engraçado, porque podem ver a estupidez – você já tem o que procura mas ainda assim está correndo de um lado para outro sem motivo algum. E, como está correndo, continua deixando de perceber. A grande compaixão vêm da percepção de que você está sofrendo – o que é verdade, ainda que seu sofrimento seja tolo.

Esse padrão de vida absurdo e ridículo precisa ser completamente alterado. Olhe para dentro, mas, se você não puder encontrar nada lá, então olhe para fora. Mas afirmo categoricamente que ninguém que tenha olhado para dentro jamais deixou de ver, portanto não há razão para que você não veja também. Não há exceções em relação a isso, é uma lei absoluta: aquele que se aprofunda encontra – encontra o reino de Deus, o êxtase perfeito, a verdade absoluta. E com isso vem a liberdade e uma grande fragrância. A vida se torna uma dança, uma poesia, um êxtase constante. Ela cresce sem parar a cada momento.

Depressão

Sempre que você estiver deprimido, espere pelo momento em que a depressão for embora. Nada dura para sempre: a depressão irá embora. E quando ela o deixar, espere. Fique alerta e perceptivo, porque depois da depressão, depois da noite, virá a madrugada e o sol irá brilhar. Se você puder estar alerta nesse momento, ficará feliz por ter estado deprimido. Ficará grato por estar deprimido porque foi apenas devido a sua depressão que esse tesouro de felicidade se tornou possível.

Em vez disso, o que fazemos em geral? Nos movemos em um ciclo de regressão infinita. Primeiro, ficamos deprimidos. Depois, ficamos deprimidos por causa da depressão, e surge uma segunda depressão.

Se você estiver deprimido, não há problemas! Não há nada de errado nisso. É belo porque, através disso, você irá aprender e amadurecer. Mas se você começar a se sentir mal e pensar: "Por que estou deprimido? Não deveria estar deprimido", nesse caso, você irá começar a brigar com a depressão. A primeira depressão é boa, mas a segunda depressão é irreal. E essa depressão irreal irá turvar sua mente. Você deixará escapar o momento que teria se seguido à primeira depressão.

Quando ficar deprimido, simplesmente fique deprimido. Não fique deprimido por causa de sua depressão. Não lute contra ela, não crie uma saída de emergência, não force sua depressão a partir. Apenas deixe que ela aconteça, pois partirá por conta própria. A vida é um fluxo: nada permanece o mesmo. Você não é necessário, o rio se move por conta própria, não é preciso empurrá-lo. Se você está tentando empurrar o rio, você é um tolo. O rio flui por si mesmo. Deixe-o fluir.

Desafios do ego

Aquilo que é mais fácil é o mais difícil; o que é difícil não é tão difícil assim. O ego se encontra sempre pronto para fazer o que é difícil, porque ao fazê-lo o ego se vê aumentado: ele se sente bem. Se algo parece ser um desafio, o ego está pronto a enfrentá-lo. Ele é provocado a sair de sua letargia pelo desafio. Ele luta, tenta conquistar, se torna agressivo. Quanto maior a dificuldade, mais agressivo o ego se tornará. A agressão é seu alimento. É por isso que as coisas simples são as mais difíceis. O ego não se interessa por elas. O ego sente algo como uma morte dentro de si. Ele não pode perder o controle, pois ao perder controle ele se perderá de si mesmo. O ego não pode deixar de lado a tensão, porque a tensão é sua própria condição de existência. Se você não estiver tenso, se estiver relaxado, o ego simplesmente se evapora. Ele não pode existir em um estado de consciência relaxado, no qual ele simplesmente não é mais necessário.

DESCULPAS

Em geral, mesmo quando reconhecemos que, de fato, cometemos um erro, não nos esforçamos para mudarmos internamente. Tentamos apenas mudar nossa *imagem*. Queremos que todos sintam que nos perdoaram. Queremos que todos reconheçam que aquilo foi errado de nossa parte, mas já pedimos seu perdão, e as coisas foram novamente colocadas em seus lugares. Estamos mais uma vez em nosso pedestal. A imagem tombada foi colocada de volta no trono. Mas não mudamos internamente.

Você já pediu perdão muitas vezes, mas continua fazendo a mesma coisa repetidamente. Isso mostra que se tratava apenas de polidez, política, um truque para manipular as pessoas. Você, contudo, permaneceu o mesmo, não mudou nem um pouco.

Se você realmente pediu perdão por sua raiva ou por uma ofensa que fez a alguém, então é preciso que isso não se repita. Somente assim será uma prova de que está realmente no caminho para mudar internamente.

DESIDENTIFICAÇÃO

Se houver um pensamento se movendo em sua mente, apenas observe-o, e subitamente você verá que o pensamento está lá, você está aqui, e não sobrou ponte alguma. Se você não observar, irá identificar-se com o pensamento, você irá tornar-se o pensamento. Observe-o, e você não será mais o pensamento. A mente possui você, porque você se esqueceu como observar. Aprenda. Olhe para uma roseira, observe-a. Ou então as estrelas, ou as pessoas passando na estrada, sente na margem e observe. E então, lentamente, feche seu olhos e veja o tráfego interior em movimento – milhares de pensamentos, desejos, sonhos, todos passando. Dentro de você é sempre hora do rush.

Apenas observe, da mesma forma como alguém observa um rio fluindo, sentado na margem.

Enquanto você estiver observando, irá começar a perceber que você não é isso.

A mente tem sido identificada com "isso". A não-mente tem sido desidentificada de "isso". Não seja uma mente, porque na verdade você não é a mente. Quem é você, então? Você é a consciência. É essa percepção, a testemunha, essa observação pura, essa qualidade similar à de um espelho, que reflete tudo mas nunca se identifica com algo.

Desobediência

A desobediência não é um pecado, a desobediência é parte do processo de crescimento. Cada criança precisa desobedecer seus pais, cedo ou tarde, e quanto mais cedo melhor, porque a vida é curta. Você não deve perder seu tempo. É preciso aprender a dizer não de forma definitiva, pois somente assim se atinge um ponto a partir do qual se pode dizer sim. Sem que seja possível dizer não, ninguém é capaz de dizer sim. A desobediência é a base a partir da qual a verdadeira obediência floresce.

Despertar

É apenas uma questão de lembrar que você também pode despertar. Nada mais é necessário, nenhum outro esforço, nem técnica, nem método nem caminho. Apenas uma lembrança de que "Isso é meu sonho". Uma lembrança de que "Eu decidi sonhá-lo – e, a partir do momento em que eu decidir não mais sonhá-lo, irei despertar". Sem a sua cooperação, o sonho se anula.

Se você estiver sofrendo, é você que está criando esse sofrimento. E ninguém mais pode tirar você do sofrimento, a menos que você decida que não irá mais criá-lo. Você construiu seu inferno. Tudo aquilo que você se tornar, será sua própria criação. Em um único momento você pode despertar.

Destino

Aceitar a vida em sua totalidade, exatamente como ela é, significa relaxar e deixar que a vida se encarregue de você. Onde quer que ela o leve, apenas deixe-se ir. Esse é o seu ensinamento mais fundamental: deixar-se ser, deixar-se ir.

Um homem que age assim está sempre em paz. Aconteça o que acontecer, não haverá problemas: ele simplesmente seguirá o curso das coisas com total boa vontade. Não irá encontrar qualquer resistência e acolherá a vida de qualquer forma que ela se apresente. A morte lhe será bem-vinda – nem mesmo a morte poderá perturbá-lo. Nada será capaz de perturbá-lo porque ele segue qualquer caminho que se apresente, aceita qualquer coisa que acontecer...

Esse homem será como uma folha caindo da árvore. Se o vento a levar para cima, ela subirá. Se o vento a levar para o norte, é para onde irá. Se o vento a levar para o sul, esse será seu caminho. Se o vento a deixar cair no chão, lá permanecerá. A folha não diz ao vento: "Isto é muito contraditório, você acabou de virar para o norte, agora começou a ir para o sul. Eu não quero ir para o sul, estou destinada a ir para o norte!" Não, a folha não possui um destino próprio.

A existência possui seus próprios desígnios, e um homem de meditação faz do desígnio da existência seu próprio destino.

Destruição

Se você não usar sua energia de forma criativa, se ela não se tornar dança, riso e alegria, então essa mesma energia se tornará perigosa e venenosa. Será destrutiva.

Dizem que Adolf Hitler queria tornar-se um pintor, mas não deixaram que ele entrasse no curso. Pense: o mundo inteiro teria sido completamente diferente se ele tivesse sido aceito na academia. Não teria havido a Segunda Guerra Mundial. Toda a humanidade teria sido completamente diferente. Mas esse homem não pôde se tornar uma pessoa criativa. Desejou ser criativo, tinha energia para tal. E certamente tinha uma enorme quantidade de energia: lançou o mundo inteiro em direção à destruição, de uma forma que nenhum outro homem jamais havia sido capaz de fazer.

Era a mesma energia: poderia ter se tornado criativa, mas, em vez disso, tornou-se destrutiva.

Deus

Essa existência nunca foi criada. Toda a discussão em torno disso está absolutamente errada. Todas as religiões pensam que tudo precisa ser criado, do contrário de onde as coisas viriam?

Mas as religiões nunca pensam: "De onde vem Deus?" Se Deus criou o mundo, de onde ele veio? Quem o criou? E se Deus pode ser removido, então qual o sentido de trabalhar com uma hipótese desnecessária?

Esse é um princípio básico de toda pesquisa científica: não use hipóteses desnecessárias. Trabalhe sempre com o mínimo de hipóteses. Se Deus precisa ser criado por outro Deus, ainda maior, você irá chegar a um absurdo, àquilo que, em lógica, se chama *regressum infinitum*. Você irá regredir infinitamente e não irá encontrar a resposta. A pergunta continuará exatamente no mesmo ponto em que estava: "Quem criou o Deus definitivo?"

A existência nos basta. Por isso eu falo sobre o divino, mas não sobre Deus. Deus é uma invenção dos sacerdotes, dos padres. Deus é uma ficção para consolar você, para fazer com que você tenha medo, se sinta culpado. Todas as religiões dependem de sua culpa, de seu medo, mas isso não é uma religiosidade autêntica.

A religiosidade autêntica o tornará destemido, sem medos: não um escravo, não uma marionete nas mãos de um Deus desconhecido que é uma ficção.

Dever

Sempre que surgir uma pergunta sobre o que precisa ser feito, siga este critério: se algo lhe trouxer alegria, faça-o. E aquilo que lhe trouxer alegria irá trazer alegria para outros também. Algumas vezes pode não ser muito aparente, mas esta é a lei fundamental: tudo que lhe trouxer alegria irá trazer alegria para todos, e aquilo que lhe trouxer sofrimento irá criar sofrimento para outros também, mais cedo ou mais tarde. Esteja completamente cheio de si, e lembre-se de que, ao estar cheio de si, você estará servindo à humanidade. Não há outro serviço possível. Tudo que é feito em nome do dever é feio. Dever é uma palavra de cinco letras horrorosa: evite-a! Faça as coisas por alegria, nunca por dever.

Devoção

Devoção é uma qualidade em seu coração. Você irá sentir-se cheio de reverência por tudo aquilo que existe. Sentirá um grande amor por todas as pessoas.

Não se trata de saber se uma pessoa merece seu amor ou não, porque amor não é uma questão de méritos. Não se trata de saber se o outro merece ou não, a questão é saber se o seu coração transborda de amor ou não. Se estiver transbordando, atingirá aqueles que o merecem e também aqueles que não o merecem. Não irá discriminar ninguém.

Uma nuvem está carregada, então chove. Você pensa que chove apenas sobre as boas pessoas, que a chuva evita cair sobre os que são maus? Chove apenas sobre os bons cristãos, os bons hindus, os bons judeus, e nunca chove sobre os ateus? Ora, uma nuvem chove simplesmente porque está tão carregada que precisa transbordar.

A devoção é um amor transbordante.

Diabo

Jesus foi o primeiro homem do Ocidente a dizer que "O reino de Deus está dentro de você". Isso não está no Antigo Testamento. Ninguém nunca havia ouvido falar que o reino de Deus estava dentro de si. Essa foi uma tradução muito inteligente para dizer que *você é o deus*. "O reino de Deus está dentro de você" é uma forma de dizer que olhar para fora não é o caminho daquele que procura, é preciso voltar-se para dentro.

Isso criou uma grande confusão. Os judeus percebiam que ele estava usando palavras de sua tradição, mas, ao mesmo tempo, dava a elas significados novos e estranhos. O Deus judaico diz: "Sou um deus ciumento, um deus muito zangado, e não irei perdoá-lo se você cometer qualquer tipo de pecado." O que foi provado pela expulsão de Adão e Eva do Paraíso, por terem cometido o pecado de comer o fruto da árvore da sabedoria.

Infelizmente, não foram suficientemente rápidos para comer da outra árvore também. Foram pegos em flagrante na primeira árvore, o que é a única parte triste dessa história.

Algumas vezes, se você não tem preconceitos, pode ver coisas que as mentes preconceituosas são completamente incapazes de perceber. Eva foi persuadida pelo Diabo a comer a fruta da árvore da sabedoria. É claro que Eva estava com medo, pois Deus a havia proibido de fazer isso, mas o raciocínio que convenceu Eva é interessante. O Diabo disse: "Você não entende o porquê. Ele proibiu você de vivenciar as duas experiências mais significativas – de ter sabedoria e de se tornar imortal – porque ele é muito ciumento. Se você também se tornar iluminada e também for imortal, você própria irá se tornar um Deus. É disto que ele tem ciúmes. Ele quer permanecer sendo o único Deus e não quer ninguém mais ocupando essa posição."

Fico surpreso que ninguém tenha dado valor ao Diabo, porque o que ele disse faz todo o sentido em comparação com as ordens de Deus, que são fascistas.

Devo lembrá-lo de que as palavras "diabo" e "divino" vêm, ambas, da mesma raiz em sânscrito. As duas significam a mesma coisa. Talvez o Diabo seja o primeiro grande revolucionário. Seu próprio crime foi ter se revoltado contra Deus. Antes ele era um anjo, mas, como tinha uma mente revolucionária, foi expulso da companhia de Deus, condenado como representando o mal. Mas a forma como persuadiu Eva faz com que eu tenha grande respeito a ele. Ele nos ensina o que todas as pessoas iluminadas do mundo têm ensinado: que você também pode tornar-se um deus. Você é essencialmente um deus, apenas se esqueceu disso. Talvez você esteja adormecido e não saiba quem é. Você só precisa ser acordado, é tudo.

Dinheiro

Não sou contra o dinheiro, eu me oponho à mentalidade dirigida pelo dinheiro! Não sou contra as posses, me oponho à possessividade. Essas são duas dimensões completamente diferentes, diametralmente opostas uma à outra.

Ser contra o dinheiro é estupidez. O dinheiro é uma bela forma para trocas. Sem dinheiro não pode haver cultura, sociedade ou civilização evoluída. Imagine se o dinheiro desaparecer do mundo. Tudo aquilo que é confortável, tudo que nos é conveniente desapareceria junto com ele. As pessoas ficariam reduzidas à pobreza mais absoluta. O dinheiro realizou um enorme trabalho, e precisamos apreciar este fato. Portanto não sou contra o dinheiro, mas certamente sou contra uma mentalidade voltada para o dinheiro – mas as pessoas não fazem essa distinção. Todo o passado humano sofreu com essa confusão.

Renuncie à mentalidade dirigida pelo dinheiro, mas não é preciso renunciar ao dinheiro em si. O dinheiro precisa ser criado, a prosperidade precisa ser criada. Sem prosperidade, toda a ciência irá desaparecer, toda a tecnologia irá desaparecer, todas as grandes conquistas dos homens irão desaparecer. Os homens não serão capazes de chegar até a Lua, os homens não serão capazes de voar. Sem dinheiro, a vida ficará muito chata, assim como, sem a linguagem, toda a arte, a literatura, a poesia, a música desapareceriam. Assim como a linguagem permite que você troque pensamentos e se comunique, da mesma forma o dinheiro permite que você troque coisas. Também é uma forma de comunicação.

Mas as pessoas com mentalidade dirigida pelo dinheiro se apegam ao dinheiro, destruindo todo seu propósito.

Disciplina

Disciplina significa apenas uma metodologia para tornar-se mais centrado, para tornar-se mais alerta, mais perceptivo, para trazer um estado de meditação mais profundo para seu ser. Não funcionar por meio da cabeça, nem mesmo do coração, mas funcionar a partir do núcleo de seu ser, do que há de mais profundo, mais central em seu ser, a partir de sua totalidade. Não é uma reação, pois uma reação vem sempre a partir do passado, é uma resposta. Um resposta está sempre *no* presente, é dirigida *para* o presente.

O zen lhe dá a disciplina necessária para tornar-se um espelho, de forma que você possa refletir aquilo que *é*. Basta atingir uma percepção sem pensamentos.

Divino

Não há Deus, mas existe o divino. É uma qualidade, uma fragrância. Você pode experimentá-la mas não pode vê-la. E quando você a experimenta, não é algo externo, como um objeto, é apenas algo *aqui dentro,* no coração de seu coração. É sua subjetividade, sua consciência.

Então, não se trata de crenças, e também não se trata de visões.

Há um divino, mas não há Deus. Sempre que eu uso a palavra "Deus", quero dizer simplesmente "o divino", lembre-se disso. Traduza sempre como *divino.* Há uma qualidade de divino na existência, mas não há Deus.

Ainda assim as pessoas querem um Deus, e não o divino. Elas não estão interessadas no divino. É por isso que pessoas como Buda nunca tiveram muita influência. Buda e toda a sua religião desapareceram da Índia, onde Buda nasceu. Uma das razões principais era que ele enfatizava o divino, e não Deus.

Se o divino está no centro, a tarefa se torna difícil. Você tem que crescer para tornar-se divino, não é algo que já esteja pronto e que possa "ganhar". Não é algo para o qual você possa rezar, não é algo para o qual possa pedir alguma coisa. Não vem pronto, é preciso que seja criado no mais profundo núcleo de seu ser. É como o amor, ele precisa florescer em você, e você tem que liberar sua fragrância. Você tem que se tornar divino, e somente então haverá Deus.

Dor

A dor faz parte do crescimento.

Sempre que algo doer, é porque algo dentro de você está sendo reprimido. Em vez de tentar evitar a dor, vá em sua direção. Deixe que doa ferozmente. Deixe que doa completamente, para que a ferida seja totalmente aberta. Uma vez que esteja totalmente aberta, a ferida começará a se curar. Se evitar esses espaços nos quais sente dor, eles permanecerão dentro de você e você irá reencontrá-los várias vezes.

Dúvida

A dúvida aguça sua inteligência. É um desafio. Você não está nem dizendo sim, nem não. Está dizendo apenas uma coisa: "Não tenho conhecimento, e não irei confiar naquilo que não tenha experimentado, seja o que for, a menos que eu chegue a um ponto a partir do qual não possa duvidar, um ponto no qual, por mais que eu tente duvidar, minha dúvida continue falhando."

A dúvida possui um significado profundo. Apenas aqueles que duvidaram até o fim descobriram o que é a verdade, o que é o amor, o que é o silêncio, o que é a beleza. O ceticismo não realiza nada. É completamente vazio, mas faz muito barulho, assim como tambores vazios fazem barulho. E você não pode argumentar com um cético, porque ele irá continuar dizendo não para tudo, para qualquer valor que você não puder colocar como objeto concreto na frente dele.

Mas a dúvida continua eliminando tudo aquilo que não é verdadeiro. É claro que esse é um caminho longo e árduo, mas, em última instância, apenas aquilo que é verdadeiro permanece. E ninguém pode negar a verdade quando se está frente a ela, vivenciando-a. Não é uma crença. Você buscou, passou por muita ansiedade, angústia, desespero. Houve muitos momentos em que desejou parar, porque lhe parecia que a jornada não tinha fim. Não é verdade, há um fim: basta seguir em frente.

A dúvida é cirúrgica, ela corta tudo aquilo que é absurdo. Mas no final o verdadeiro permanece, desvelado. A dúvida remove os véus.

E

Ecologia

Ecologia é uma boa coisa. Trabalhe por essa causa, mas busque também sua ecologia interior. Da forma como vejo a questão, a ecologia externa tem sido destruída porque a ecologia interior foi destruída antes. É apenas uma resultante. Quando um homem não se encontra mais unido por dentro – quando está dividido, em conflito, como uma multidão briguenta –, cria distúrbios também na natureza. As duas coisas estão co-relacionadas.

Quando a natureza e os sistemas naturais são destruídos, os próprios homens se vêem ainda mais destruídos. Novamente, a natureza continua afetando os homens e eles continuam afetando a natureza. É um círculo vicioso. Mas, na minha visão, o problema básico se encontra em algum lugar dentro dos homens. Se você estiver relaxado por dentro, se estiver em paz com sua própria natureza, então será capaz de compreender o funcionamento natural do mundo e não irá criar problemas. Não irá criar brechas nele. Você verá que tudo está interligado e nada pode ser... Mas o problema básico está dentro dos homens.

Economia

Conhecemos apenas um tipo de economia, a economia do cotidiano. Se você der seu dinheiro, irá perdê-lo. Precisa agarrar-se a ele. Você tem que arrancá-lo de outras pessoas. Precisa dar menos e obter mais, só então você terá lucro.

Mas a economia interior é completamente diferente, é o exato oposto da outra: quanto mais você der, mais terá. Quanto menos você der, menos terá. Quanto mais você der, mais a existência inteira continuará a verter suas dádivas em você. Você tem que estar continuamente dando, dividindo, pela simples alegria de dividir.

É preciso coragem, mas, uma vez que você tenha vivenciado isso, tenha descoberto a matemática interior, não haverá problemas. O primeiro passo requer coragem, mas depois é fácil. Uma vez que você saiba que quanto mais der, mais irá obter, fica muito fácil.

Alguém que seja covarde não pode dar o primeiro passo no amor. Para isso é preciso alguém corajoso, que possa se arriscar, porque no início é um risco. Quem sabe se você vai receber uma resposta ou não? Quem sabe? Você pode dar seu amor e não receber nada de volta. Não há garantias. Mas esse primeiro passo precisa ser dado com confiança; o segundo passo é muito fácil; você poderá atravessar milhares de quilômetros. Já não há problema algum, a jornada será simples e a vida se tornará cada vez mais rica a cada passo.

Educação

Aquilo que chamamos de "educação" não tem nada a ver com educação – é exatamente o oposto. A própria palavra "educação" significa trazer à tona algo que está no interior de uma pessoa, trazer seu centro para a superfície, para as bordas, fazer com que seu ser se torne manifesto – porque ainda está latente, não-manifesto, está adormecido –, tornando-o ativo e dinâmico. Isso é educação.

Mas não é isso que tem acontecido no processo educacional. Ocorre justamente o oposto: estão enchendo as pessoas de idéias. Nada tem sido retirado do poço: as águas do poço não estão sendo exploradas. Em vez disso, pedras têm sido lançadas dentro do poço. Logo a água irá desaparecer e o poço ficará cheio de pedras. É isso que vocês chamam de eruditos, sábios, professores. Nada são além de tomates recheados. Nada além disso, apenas pessoas recheadas com grande quantidade de besteiras.

Ego

Todos nascemos sem um ego. Quando uma criança nasce, ela é apenas consciência: flutuando, fluindo, lúcida, inocente, virgem, sem ego. Aos poucos, o ego é criado pelos outros. O ego é o efeito acumulado das opiniões dos outros sobre você. Um vizinho chega e diz "Que criança bonita", e olha para a criança com um olhar de apreciação. Então o ego começa a funcionar. Alguém sorri, uma outra pessoa não sorri. Algumas vezes a mãe é muito carinhosa, outras vezes está muito zangada. E a criança vai aprendendo que não é aceita como ela é. Seu ser não é aceito de forma incondicional: há condições a serem satisfeitas. Se ela grita e chora e há visitas na casa, sua mãe se zanga. Se ela grita e chora, mas não há visitas na casa, sua mãe não se importa. Se ela não grita, nem chora, sua mãe a recompensa sempre com beijos amorosos e com carinho. Quando há visitas, se a criança sabe ficar quieta, em silêncio, sua mãe fica muito feliz e a recompensa. A criança vai aprendendo as opiniões dos outros sobre si mesma olhando no espelho dos relacionamentos.

Você não pode ver sua face diretamente. Você tem que olhar em um espelho, e no espelho você pode reconhecer sua face. Esse reflexo se torna sua idéia de sua face, e há milhares de espelhos a seu redor, todos eles refletindo algo. Alguém o ama, alguém o odeia, alguém é indiferente. E então, aos poucos, a criança cresce e continua acumulando as opiniões de outras pessoas. A essência total dessas opiniões dos outros constitui o ego. A pessoa começa a olhar para si mesma da forma como os outros a vêem. Começa a se olhar de fora: isso é o ego. Se as pessoas gostam dela e aplaudem, ela pensa ser bela, estar sendo aceita. Se as pessoas não a aplaudem e não gostam dela, rejeitando-a, ela se sente condenada. Está continuamente procurando formas e meios para ser apreciada, para ser repetidamente assegurada de que possui valor, que possui um mérito, um sentido e um significado. Então a pessoa passa a ter medo de ser ela mesma. É preciso encaixar-se na opinião dos outros.

Se você deixar de lado o ego, subitamente se tornará novamente uma criança. Você não estará mais preocupado com o que os outros pensam sobre você, não prestará mais atenção àquilo que os outros dizem de você. Nesse momento, terá deixado cair o espelho. Ele não tem sentido: a face é sua, então por que perguntar ao espelho?

Eleições

Em toda a minha vida nunca votei, embora toda a minha família tivesse uma vocação política. Todos lutaram pela liberdade na Índia enquanto ela ainda estava sob o domínio do império britânico.

Foram presos, sofreram e, naturalmente, quando o país se tornou independente, voltaram-se para a política. Meus tios costumavam me dizer: "Você possui educação e conhecimentos: por que não usa seu poder de voto? Esse é o poder que temos para criar ou mudar um governo."

Eu dizia: "Entendo, mas substituir um bobalhão por outro bobalhão é fútil. Não importa: os nomes mudam e tudo permanece o mesmo." Na verdade, é melhor manter o bobalhão atual em seu lugar porque, mais cedo ou mais tarde, ele já terá acumulado tanta riqueza, poder, nome e fama, que irá se tornar menos ganancioso, pois sempre há um ponto de saturação.

Emoções

Algumas vezes recebo cartas dizendo: "Uma pessoa passou por mim e tive a sensação de que ela estava irritada comigo." Então alguém passou por você, e você sentiu que essa pessoa estava irritada com você... Você poderia ao menos ter perguntado à pessoa: "Você está irritada comigo? É porque eu tenho essa sensação..." Você lhe deve ao menos essa gentileza, antes de determinar que a outra pessoa está de fato zangada com você.

Talvez ela não esteja nem pensando em você, pode estar irritada com outra coisa completamente diferente. Talvez ela ache seu comentário até engraçado! Mas é possível que a outra pessoa esteja de fato irritada com alguma coisa, outra pessoa, consigo mesma, e você pode estar percebendo essa raiva. A raiva da outra pessoa pode tocar seus sentimentos, mesmo que não seja dirigida a você, porque as emoções não são lineares. Não se movem de um ponto A para um ponto B, movem-se em círculos, círculos concêntricos.

Quando você deixa cair uma pedra em um lago, formam-se círculos concêntricos que se espalham por todo o lago. Da mesma forma, quando alguém está com raiva, há círculos concêntricos, emanando dessa raiva, em torno dessa pessoa. Qualquer um que passe por perto, se for sensível, poderá sentir essa raiva. É claro que você pode decodificar esse sentimento como se o outro estivesse zangado com você.

É melhor então, naquele exato momento, segurar a pessoa e

perguntar: "Qual é o problema? Estou sentindo algo perturbador. Sinto ondas de raiva crescendo em torno de você. Não sei o motivo dessa raiva, ou a quem se dirige, mas vamos ao menos esclarecer o assunto: se for dirigida a mim, diga-me, para que eu possa fazer algo a respeito. Se não for dirigida a mim, então lhe agradeço, e peço que continue no seu caminho; eu prosseguirei no meu."

~

Se algumas vezes você se sentir irritado, fique irritado – não há nada de errado nisso. O problema é que, se você não ficar irritado, não será capaz de amar. Todas as emoções estão tão unidas que, se você reprimir a raiva, irá reprimir também o amor. Se você reprimir a raiva, também irá reprimir a compaixão. Se você libertar sua compaixão, irá ficar com medo de que a raiva também se liberte. Você precisa se sentar sobre a pilha de todas as suas emoções, e isso é bastante desconfortável.

Energia

Observe a si mesmo e não irá encontrar um único "eu" em você, mas muitos "eus". Você possui muitas mentes, e cada uma está em luta com suas outras mentes. Há uma grande competição aí dentro, uma briga constante. E nessa briga, nesse conflito, você está dissipando energia. Ao dissipar energia, em uma guerra civil constante, você perde o entusiasmo pela vida. Você perde todas as possibilidades de atingir o êxtase, perde sua alegria.

O poeta William Blake estava certo ao dizer: "Energia é êxtase." Essa é uma declaração muito profunda. Sim, a energia é êxtase, e quanto mais energia você tiver, maior será seu êxtase. É a energia transbordante que se torna êxtase, que se torna celebração. Quando a energia estiver dançando dentro de você, em uníssono, em profunda harmonia, fluindo ritmicamente, você terá se tornado uma bênção para o mundo.

Errado

A liberdade significa basicamente, intrinsecamente, que você é capaz de escolher o que é certo ou errado.

E o perigo, assim como acontece com o medo, é que o errado seja sempre aquilo que é mais fácil. O errado é como descer uma ladeira, o certo é subir uma ladeira. Subir é mais difícil, é uma tarefa árdua. Quanto mais alto você sobe, mais árdua se torna. Mas descer é muito fácil, você não precisa fazer nada, a gravidade faz tudo por você. Você pode apenas rolar como uma pedra caindo de cima da montanha: a pedra chegará até o vale sem que seja preciso fazer nada. Mas se quiser ascender em sua consciência, se quiser ascender no mundo da beleza, da verdade, do êxtase, então você deve procurar pelos picos mais altos, e isso certamente é difícil...

A liberdade lhe dá a oportunidade de descer abaixo dos animais ou ascender acima dos anjos. A liberdade é uma escada: um lado da escada vai em direção ao inferno, o outro lado toca o paraíso. É a mesma escada: a escolha é sua, a direção precisa ser determinada por você.

Erros

Não há nada demais em cometer erros. Todos nós cometemos erros e todos precisamos cometê-los. Não busque a perfeição. Errar é bom, isso mantém sua humanidade. Não fosse assim, você se tornaria desumano ou super-humano, e nenhum dos dois é bom. Ser humano é belo, mas, para permanecer humano, é preciso errar. Não há nada de errado nisso, então por que fazem tanta confusão a esse respeito?

Ainda assim, você talvez tenha a noção de que não deve cometer erros. Você vai se torturar, sentindo-se culpado, e depois vai condenar a si mesmo. Nada disso é necessário: todos cometemos erros. Apenas se lembre de não cometer o mesmo erro duas vezes. Não estou dizendo que você deva se sentir culpado por isso, mas tente cometer novos erros! É assim que você irá crescer. Fique cansado daquilo que é velho e encontre novas formas de cometer erros. Cometa ao menos um novo erro a cada dia.

Escapismo

A vida precisa ser entendida como uma oportunidade para tornar-se mais consciente, mais cristalizado, mais centrado e enraizado. Se você foge, é como se uma semente fugisse do solo e se escondesse em uma caverna segura, onde não há solo, apenas pedras. A semente estará segura. No solo, a semente precisa morrer, desaparecer. Quando a semente desaparece, a planta brota. É então que os perigos começam. Para a semente não havia perigo: nenhum animal a teria comido, nenhuma criança a teria partido. Agora há uma bela haste verdejante, e todo o mundo parece estar contra ela: o vento vem e tenta desenraizá-la, as nuvens e os trovões surgem, e a pequena semente tem que lutar sozinha contra todos. Há crianças, animais e jardineiros, portanto milhões de problemas a serem enfrentados. A semente estava vivendo confortavelmente, em paz: nenhum vento, nenhum solo, nenhum animal – essas coisas não eram problemas. Estava completamente fechada em si mesma: a semente estava protegida, segura.

Se você for morar em uma caverna no Himalaia, você irá se tornar a semente. Não florescerá.

Os ventos não estão contra você: eles lhe dão uma oportunidade, apresentam um desafio, permitem que você aprofunde suas raízes. Dizem a você que defenda seu terreno e brigue por ele. Isso tornará você mais forte.

Escravidão

A vida foi feita para ser desfrutada, é um presente divino. Mas milhões de pessoas estão no exército, prontas para massacrar ou serem massacradas. E toda a vida delas, todos os dias, é gasta em paradas, na limpeza de armas ou em seguir as ordens de algum tolo: vire à esquerda, vire à direita. Imaginem, fazer isso a vida toda! E nem mesmo por um único momento pensam no que estão fazendo com suas vidas. É para isso que serve a vida? É esse o destino de uma vida?

Se você está cantando e dançando, talvez tenha um significado. Mas virar à esquerda e à direita, marchar todos os dias, preparando-se para a morte... Como a vida pode ser apenas uma preparação para a morte?

Ensinam a brutalidade, a violência e a insensibilidade, pois somente assim é possível escravizar milhões de pessoas. Vocês pensam que são livres? A escravidão apenas tornou-se mais sofisticada, só isso. Mas a escravidão continua existindo. Nenhuma sociedade até agora foi de fato livre. Todas as sociedades foram sociedades de escravos.

Uma coisa é certa: a escravidão tomou várias formas através dos tempos. Primeiro era muito grosseira, agora é algo sutil. Lembre-se, a escravidão sutil é muito mais perigosa que a grosseira, porque você pode se rebelar contra a escravidão grosseira, já que ela é tão aparente, tão óbvia, mas, quando ela é sutil, você nem mesmo a percebe. Se você é um muçulmano, um hindu, um cristão, um jainista, é um escravo. Sua mente foi condicionada para ser um hindu, um muçulmano, um cristão, e você se tornou isso.

E você nunca pensou sobre isso. Por que você deveria ser um cristão? Por que ser um muçulmano? Você não nasceu cristão ou muçulmano, nasceu como pura consciência. Por que essas limitações? Quem lhe impôs essas limitações? Você nasceu como um puro ser humano – quem fez de você um indiano ou um chinês? Vocês são escravos. Se você é chinês, indiano ou inglês, é um escravo. A escravidão pode ser muito sutil.

E se você estiver fazendo coisas que os outros querem que faça, mas nunca aquilo que sempre quis fazer de fato, você é um escravo. Você permanece amando uma pessoa que não ama de fato, permanece vivendo e dormindo com uma pessoa que não ama de fato, vive uma relação que é simplesmente destrutiva, horrível, um inferno, mas segue em frente – você é um escravo, e não um ser humano livre.

Um ser humano livre é alguém que pode se dizer dono de sua inteligência, senhor de sua sensibilidade.

ESOTERISMO

Os ensinamentos esotéricos são apenas para os tolos. Os tolos se interessam muito por qualquer coisa que não possam entender. A mente de um tolo pensa que, se ele não pode entender algo, deve ser muito misterioso, muito superior, deve pertencer aos mais altos planos da existência.

Uma pessoa verdadeiramente religiosa não tem aplicação para as besteiras sem sentido do esoterismo, como a teosofia, a antroposofia e todos os Lobsang Rampas existentes por aí, além de todo tipo de besteiras que continua sendo publicado. Claro que essas coisas devem estar preenchendo as necessidades das pessoas. Assim como há aqueles que gostam de romances policiais, há outros que se interessam pelo conhecimento esotérico.

Não há nada esotérico na existência. A existência está exposta, nua: nada se encontra escondido.

A espiritualidade é uma experiência, não um conhecimento. Você não pode reduzi-la a isso. É sempre algo a ser aprendido, mas nunca conhecimento. É um insight que não pode ser reduzido a palavras. Você não pode colocá-la em teorias, em sistemas de pensamento, isso é impossível. E aqueles que tentam fazê-lo não entendem nada desse assunto. Somente por não entenderem é que podem reduzir isso a "conhecimento". É um fenômeno estranho: os que sabem nunca tentam reduzir seu saber a um conhecimento estático, mas aqueles que *não sabem* sentem-se completamente livres. Podem criar qualquer tipo de conhecimento, é pura invenção.

Todo conhecimento espiritual é uma invenção da mente. O verdadeiro saber espiritual se dá somente quando a mente é deixada de lado, quando se está em um estado de não-mente.

ESPERA

A espera precisa ser pura. Desfrute da espera em si, sem querer nada mais. Você não vê a beleza que há em apenas esperar? A pureza, a bênção, a inocência? Apenas esperar, sem nem mesmo saber o que virá. Entenda o sentido disso – uma espera pura, sem saber o que vai acontecer. Se você já sabe o que vai ocorrer, isso é algo que vem de seu passado. Seria uma continuação desse passado, e não algo novo. Talvez um pouco modificado, mas seria a mesma coisa outra vez, uma repetição. Como você pode saber o que irá acontecer? Você não soube antes, então como pode sequer imaginar?

Ao descobrir que não há como imaginar o futuro, não há como imaginar o desconhecido, então aquilo que é conhecido cessa e todas as idéias dentro da mente desaparecem: as idéias sobre Deus, as idéias sobre *samadhi*, iluminação, todas elas desaparecem. Nesse desaparecimento está a iluminação.

Nunca pense, por um único momento sequer, que sua idéia de

iluminação será satisfeita. Como você pode ter qualquer idéia do que seja a iluminação? Não importa que idéia você tenha, estará errada. Quando a iluminação acontecer, ficará surpreso. Você já leu todas as escrituras e isso não estava mencionado em lugar algum.

Não pode ser mencionado. Você ficará surpreso. Quando atingir essa realidade, quando ela explodir em você, então saberá que nenhum Buda foi capaz de dizer isso. E saberá que ninguém jamais será capaz de dizê-lo. Continua sendo indizível, impronunciável.

É bom que tenha permanecido impronunciável, do contrário jamais seria um novo fenômeno para ninguém. Milhões já atingiram o estado-de-buda e têm falado sobre isso. Você também conhece isso – e então sabe que isso acontece. É completamente novo e completamente radical.

Mas uma coisa é certa: a espera é infinitamente bela, a espera é infinitamente cheia de alegria.

ESPERANÇA

As pessoas sem esperança esperam. Os cegos pensam que, mais cedo ou mais tarde, terão olhos. Na noite escura de sua alma, você se agarra à esperança de que um novo amanhecer virá. Para tolerar o sofrimento atual, tem que criar um certo tipo de atitude otimista, de forma que também possa ter esperança de um futuro mais belo – ainda que ele nunca chegue. Mas, quando você tem esperança, torna-se capaz de tolerar a situação. Pelo menos você pode diluir um pouco seu sofrimento, evitar que ele o perturbe excessivamente. Pode permanecer ocupado com alguma outra coisa. Você pode manter seus olhos fechados para a angústia presente.

ESPIRITUALIDADE

A religião significa a circunferência, as bordas, e a espiritualidade, o centro. Uma religião possui um pouco de espiritualidade, mas apenas um pouco: um vago fulgor, algo como as estrelas ou a lua cheia se refletindo no lago. A espiritualidade é o que há de verdadeiro, a religiosidade é apenas um subproduto.

E um dos grandes males que se abateu sobre a humanidade foi terem dito às pessoas para serem religiosas e não espiritualizadas.

Portanto, elas começam a decorar sua circunferência, elas cultivam um caráter. O caráter é sua circunferência. Ao pintar seu perímetro, o centro não muda. Mas, se você mudar o centro, o perímetro sofre uma transformação automática.

Mude o centro – isso é espiritualidade. A espiritualidade é uma revolução interior. Ela certamente afeta seu comportamento, mas apenas como uma conseqüência. Como você está mais alerta, mais perceptivo, naturalmente suas ações são diferentes, seu comportamento possui uma outra qualidade, uma beleza diferente, mas o contrário não é verdadeiro.

A espiritualidade pertence a seu ser essencial, enquanto a religião só pertence àquilo que é externo: ações, comportamento, moralidade. A religião é formal: ir à igreja todo domingo é uma atividade social. A igreja nada mais é senão um tipo de clube, como o Rotary ou o Lions, e existem muitos clubes. A igreja também é um clube, mas com pretensões religiosas.

A pessoa espiritualizada não pertence a nenhum credo, nenhum dogma. Ela não pode pertencer a nenhuma igreja, seja hindu, cristã ou muçulmana... é impossível para ela pertencer a uma igreja.

A espiritualidade é única, as religiões são muitas.

Insisto na transformação interior. Não ensino religião, ensino espiritualidade. A espiritualidade é rebelião, enquanto a religião é ortodoxia. A espiritualidade é individualidade, enquanto a religião é permanecer dentro da psicologia das massas. A religião faz de você um carneiro, e a espiritualidade é o rugir do leão.

Esposa

Não sei muito a respeito de esposas, não sou casado. Mas estive observando muitas esposas e muitos maridos. Então essa não é minha experiência, mas apenas minha opinião!

Há duas coisas que são necessárias para manter sua mulher feliz. Primeiro, deixe-a pensar que ela está no comando. E, em segundo lugar, deixe-a ficar de fato no comando.

Essencialidade

Tente entender a palavra "essencialidade". O Buda se apóia

muito nessa palavra. Na própria linguagem do Buda, chama-se *tathata* – essencialidade. Toda meditação budista consiste em viver dentro dessa palavra, vivê-la tão profundamente que ela desapareça e você se torne a essencialidade...

Você come em essencialidade, dorme em essencialidade, respira em essencialidade, ama em essencialidade, chora em essencialidade. Torna-se sua própria maneira de ser. Você não precisa se preocupar com isso, não precisa pensar a respeito disso, é sua própria forma de ser. Você a assimila, a digere, ela flui em seu sangue, vai ao centro de seus ossos, alcança o próprio pulsar de seu coração. Mas lembre-se: não como uma palavra, mas como um sentimento – essencialidade. Nessa hora não há ressentimentos, reclamações, desejo algum que as coisas devessem ser diferentes do que são. Surge uma enorme aceitação.

Lembre-se também de que a palavra "aceitar" não é muito boa. Ela está carregada, não pela palavra em si, mas por você, porque você só aceita algo quando se sente acossado, encurralado. Você aceita com ressentimento, com restrições, e apenas quando não pode fazer nenhuma outra coisa. Mas lá no fundo continua desejando que fosse de outra forma: você seria mais feliz se fosse de outra forma. Você aceita como um mendigo, e não como um rei. A diferença entre essas duas coisas é grande.

Estado de alerta

Esteja alerta e cuide para que você esteja cada vez mais perceptivo em suas ações. Se você estiver alerta e perceptivo, nada do que fizer será como a ação de um sonâmbulo.

Todo o esforço de uma sociedade é dirigido para transformá-lo em algo automático, fazer de você um autômato, um mecanismo eficiente. Quando você começa a aprender a dirigir, está alerta, mas ainda não é eficiente, porque estar alerta consome energia e há muitas coisas para as quais você deve estar alerta: as marchas, o volante, o freio, o acelerador, a embreagem. Com todas essas coisas, você não pode ser eficiente, não pode andar rápido. Mas, aos poucos, conforme for se tornando eficiente, não precisará mais estar alerta. Poderá cantarolar uma música, pensar sobre um assunto qualquer ou resolver um problema, e o carro seguirá por conta própria. O corpo dirigirá automaticamente. Quanto mais automático você se tornar, mais eficiente será.

A sociedade precisa de eficiência, então o torna cada vez mais automático: tudo o que você faz deve tornar-se automático. A sociedade não se preocupa com sua percepção. Na verdade, ela é um problema para a sociedade. Pedem a você que seja mais eficiente, mais produtivo. As máquinas são mais produtivas que você. A sociedade não quer que se comporte como um humano, ela precisa que você seja um dispositivo mecânico, precisa torná-lo mais eficiente e menos alerta. Isto é mecanização. Você se tornará eficiente, mas sua alma se perderá.

Todo o esforço das técnicas de meditação é voltado para desautomatizá-lo, para torná-lo alerta novamente, para fazer de você um ser humano e não uma máquina.

Estresse

Um psicanalista canadense, o Dr. Hans Selye, trabalhou durante toda a sua vida em um único problema: o estresse. E chegou a algumas conclusões profundas. Uma delas é que o estresse nem sempre é ruim, ele pode ser usado de uma forma boa. Não é necessariamente algo negativo; se pensarmos nele de forma negativa, não será bom, iremos criar problemas. O estresse em si pode ser usado como um ponto de apoio, pode se tornar uma força criativa. Mas, normalmente, têm nos ensinado durante toda a nossa vida que o estresse é ruim, que quando se está sob qualquer tipo de estresse fica-se com medo. E o medo aumenta ainda mais o estresse, piorando a situação.

Por exemplo, houve algo com o mercado de capitais e isso está criando estresse. A partir do momento em que você sente que há uma tensão, que há estresse, fica com medo de que isso seja ruim e pensa: "Eu tenho que relaxar." No entanto, tentar relaxar não irá ajudar, porque você não pode relaxar. Na verdade, tentar relaxar irá criar um outro tipo de estresse. O estresse está presente, e você está tentando relaxar, mas não pode, então você só está complicando o problema.

Quando houver estresse, use-o como uma energia criativa. Primeiro, aceite-o; não é necessário lutar contra ele. Aceite-o, não há nada de errado. Está simplesmente dizendo: "O mercado não está indo bem, algo está errado", "Você pode perder algo", ou qualquer coisa no gênero. O estresse é simplesmente uma indicação de que o corpo está se preparando para lutar contra uma situação. Mas se, nesse momento, você tentar relaxar ou tomar comprimidos contra dor de cabeça ou tranqüilizantes, estará indo contra o corpo. Seu corpo está se preparando para combater uma determinada situação, um determinado desafio que está à sua frente: desfrute o desafio!

Se algumas vezes você não puder dormir à noite, não é preciso se preocupar. Use essa energia que está surgindo: caminhe pela casa, saia para correr, faça uma longa caminhada, planeje o que você deseja fazer, o que a mente deseja fazer. Em vez de ir dormir, coisa que não é possível, use a situação de forma criativa. Seu corpo está dizendo apenas que está pronto para lutar contra o problema. Isso não é hora de relaxar. O relaxamento pode ser feito depois.

Na verdade, se você tiver vivenciado seu estresse por inteiro, atingirá um estado de relaxamento automaticamente. Há um limite até onde você pode ir, depois o corpo automaticamente relaxa. Se quiser relaxar no meio do processo, irá criar confusão, pois o corpo não pode relaxar durante esse processo. É quase como se um corredor nas Olimpíadas estivesse se preparando, esperando pelo sinal, para então partir, correr como o vento. Ele está cheio de estresse, mas esse não é o momento de relaxar. Se tomar um tranqüilizante, jamais ganhará uma corrida. Se ele relaxar naquele instante e tentar meditar, irá perder sempre. Ele precisa usar esse estresse: o estresse está fervendo, está acumulando energia. Ele se torna cada vez mais vital, aumenta seu potencial. Ele precisa usar esse estresse como energia, como combustível. Selye deu um novo nome para esse tipo de estresse: chamou-o de "eustress", misturando "estresse" e "euforia" naquilo que ele considera um estresse positivo. Depois que o corredor tiver completado a corrida, ele irá dormir profundamente, o problema estará resolvido. Já não há mais tensão, o estresse terá desaparecido por conta própria.

Então sugiro que você tente o seguinte: quando encontrar uma situação estressante, não entre em pânico, não fique com medo. Vá fundo no estresse, utilize-o em sua luta. Todos os homens possuem uma enorme energia e quanto mais você a usar, mais energia terá.

Quando o estresse, vier e houver uma situação a ser enfrentada, lute, faça tudo que puder, vivencie seu estresse por inteiro. Permita que ele se instale, aceite-o de bom grado. É algo de bom, algo que prepara você para lutar. E, quando houver resolvido a situação, ficará surpreso: surgirá um profundo relaxamento, que não foi criado por você. Talvez você não consiga dormir durante dois ou três dias e depois não consiga acordar durante dois dias seguidos, mas está tudo bem!

Eternidade

Em sânscrito, a palavra *Kala* possui um sentido profundo: um de seus significados é "tempo", o outro é "morte". A mesma palavra significa tempo e morte. Isso é belo, porque o tempo é a morte. A partir do momento em que você entrar no tempo, estará pronto para morrer. Com o nascimento, a morte entrou em você. Quando uma criança nasce, ela entra no reino da morte. O aniversário também é o dia da morte. Uma coisa é certa: teremos que morrer. Tudo mais é incerto, são coisas que podem ou não acontecer. Mas a partir do momento em que uma criança nasce, a partir do momento em que a criança respira pela primeira vez, é absolutamente certo que ela irá morrer algum dia.

Entrar na vida é entrar na morte; entrar no tempo é entrar na morte.

A eternidade é a não-morte. Como encontrar a eternidade? Qual o caminho? Para chegar lá é preciso entender o processo do tempo.

O processo do tempo é horizontal: um momento passa, depois vem outro. Esse também passa, depois há um outro momento. Há uma sucessão de momentos, uma fileira de momentos: um passa, depois vem outro, esse também passa e outro se segue. É horizontal.

Mas a eternidade é vertical: você mergulha fundo no momento, movendo-se, não ao longo de uma reta, mas em profundidade. Você afunda no momento. Se você permanecer na margem, o rio continuará a passar. Em geral estamos sentados na margem do tempo. O rio continua a se mover: um momento, outro momento e mais outro, e a seqüência de momentos continua. Em geral é assim que vivemos no tempo.

Há, contudo, um outro caminho: mergulhar no rio, ir fundo no momento, no aqui-agora. Então, subitamente, o tempo pára. Você passa a se mover em uma dimensão completamente diferente: a dimensão vertical é a eternidade. Esse é o sentido da cruz de Jesus.

A cruz é um símbolo do tempo. É feita de duas linhas: uma vertical, outra horizontal. Na linha horizontal estão as mãos de Cristo, e na linha vertical está todo seu ser. As mãos representam a ação: fazer, possuir. *Possuir* está dentro do tempo, mas *ser* está na eternidade. Portanto, tudo aquilo que você fizer estará no tempo, aquilo que você é estará na eternidade; aquilo que conquistar estará no tempo, aquilo que for sua natureza estará na eternidade. Passe desse eixo, de possuir e fazer, para o eixo do ser. Nesse momento a virada pode acontecer. Agora mesmo, se você esquecer o passado e o futuro, o tempo irá parar. Então nada se moverá, tudo ficará absolutamente silencioso e você começará a mergulhar no aqui-agora. Esse "agora" é a eternidade.

Eu

As pessoas só têm egos. O ego é um falso eu. Como não percebemos o verdadeiro eu, criamos o ego: é uma ilusão. Já que não podemos viver sem o centro, temos que inventar um falso centro.

Há duas possibilidades: podemos conhecer o verdadeiro centro ou criar um falso centro. A sociedade estimula o falso centro porque uma pessoa falsa pode ser facilmente dominada. Ela não apenas pode ser facilmente dominada como busca essa dominação. Está constantemente à procura de alguém para dominá-la. Sem ser dominada, ela não se sente bem, porque apenas quando está sob o domínio de outra pessoa ela terá um certo sentimento de "ser eu". Ao obedecer as ordens de alguém, ela tem uma sensação de valor. Seu valor, sua vida, tudo isso é emprestado. Ela não possui um sentido para sua vida em si. Outra pessoa precisa lhe dar esse significado.

Ela se torna parte de uma igreja, então sente-se bem. Agora é um cristão, e a cristandade lhe dá ao menos uma sensação de significado. Ou então ela se torna um comunista, e o grupo dos comunistas faz com que sinta que está realizando algo importante. Ela não pode ficar sozinha, e essa é a estratégia básica de uma sociedade: não permitir que uma pessoa caminhe com suas próprias pernas. A sociedade tolhe você, fazendo com que seja dependente de muletas desde o início. E a melhor maneira de torná-lo dependente é não permitir que você perceba seu verdadeiro eu.

Em vez do verdadeiro eu, lhe dão um brinquedo chamado ego. A sociedade apóia o ego enormemente. Ela elogia e nutre o ego. Se você seguir os ditames da sociedade de todas as formas possíveis, será respeitado, e o respeito nada mais é que alimento para o ego. Se você não seguir esses ditames, perderá o respeito. Isso é uma punição para seu ego, mantendo-o faminto. Além disso, é muito difícil viver sem um centro, então as pessoas estão sempre prontas a atender todos os tipos de demandas, sejam racionais ou irracionais.

Eu me esforço para ajudá-lo a deixar de lado essa falsa entidade chamada de ego. Deixar isso de lado é metade do trabalho, e a outra metade é mais fácil: fazê-lo perceber seu verdadeiro eu. Uma vez que o falso seja compreendido como falso, não é muito difícil ver o verdadeiro como sendo verdadeiro.

Evolução

A evolução não foi uma descoberta de Charles Darwin. A evolução é um conceito oriental descoberto pelos místicos, e no Oriente eles foram realmente a fundo. Charles Darwin ficou apenas na superfície: acreditava que os homens descendiam dos macacos, e foi motivo de risadas em todo o mundo. Essa idéia parece estranha, mas a dos místicos não parece tão estranha assim. Os místicos não dizem que os homens descendem dos macacos, mas que a essência da consciência passou por muitas formas e que passou também pela forma de macacos.

Existência

A existência é paradoxal: o paradoxo é seu próprio núcleo. Ela existe através de opostos, é um equilíbrio entre os opostos. E aquele que aprender como manter esse equilíbrio se torna capaz de conhecer o que a vida é, o que a existência é, o que a divindade é. Essa é a chave secreta, o equilíbrio.

A existência é um mistério porque você pode responder a muitas perguntas, mas, no final das contas, não pode responder à pergunta final. Ela não fica muito longe, logo aparece. Você pode responder sobre todas as coisas superficiais, mas, conforme você se aprofunda, a pergunta final se aproxima. E, no momento em que esta pergunta final se faz presente, ainda não encontrei uma única pessoa em toda a história da humanidade que tenha tido a coragem de dizer: "Eu não sei."

Existencialismo

O que houve na Europa para que o existencialismo se tornasse um dos mais importantes movimentos filosóficos? Foi apenas porque havia uma abundância, uma riqueza na Europa. E quando você se torna rico, quando consegue aquilo que deseja, o paraíso não significa nada para você. O que o paraíso pode lhe trazer que Paris não ofereça?

E, quando haviam conquistado tudo aquilo que um homem poderia desejar, subitamente perceberam que, mesmo se todas essas coisas estivessem presentes, algo continuava faltando: o significado. Eles tinham tudo, mas aquele buraco negro de angústia dentro deles não havia diminuído. Na verdade, se tornara mais nítido em contraste com toda a riqueza, todo o conforto e o luxo. Então puderam ver que nada daquilo ajudava.

Uma enorme falta de esperança: isto é a angústia. Uma falta de esperança sem fim: isto é o desespero.

Mas não creio que essas pessoas sejam realmente existencialistas no sentido em que eu uso a palavra. Elas estavam apenas reagindo contra todo o passado, no qual havia uma grande esperança por grandes coisas que ainda estavam por vir. Chegou um momento em que, através da ciência, conquistaram todas as grandes coisas que os homens desejaram durante séculos, e ainda assim isso não lhes trouxe contentamento. Não os tornou plenos. Pelo contrário, eles se tornaram mais pobres que os pobres. Os pobres ao menos possuem uma esperança, enquanto eles nem isso tinham.

Na minha definição, o existencialismo não é um "ismo". É pena que eu tenha que usar essa linguagem, pois é a única que temos. Do contrário não chamaria isso de "ismo". Esse sufixo é péssimo.

O único caminho para a existência é através da meditação. Jean-Paul Sartre nunca ouviu falar em meditação. Kierkegaard não tinha idéia do que fosse a meditação. A meditação é simplesmente estar completamente no presente e no mesmo ritmo que a existência ao seu redor.

A meditação é a única abordagem existencialista. Não é intelectual, é *total*, pois todo o seu ser está envolvido nela. E se, mesmo por um único momento, você puder experimentar o vinho da existência, isso transformará toda a sua vida.

Experiência

Pessoas com mentes medíocres não querem experimentar, nem sequer desejam ser convencidas por meio de argumentos inteligentes. Desejam simplesmente acreditar, e isso é a coisa mais fácil do mundo.

Eu lhe digo: quando disserem uma verdade para você, não acredite nela! Explore, pergunte, procure, experimente, vivencie, mas não acredite nela. Mesmo quando uma verdade é transmitida para você, se acreditar nela, irá transformá-la em uma mentira. Uma verdade na qual se acredita é uma mentira, pois a crença transforma a verdade em mentira.

Acredite em Buda e você estará acreditando em uma mentira. Acredite em Cristo e você estará acreditando em uma mentira. Não acredite em Cristo, não acredite em Buda, não acredite em mim. Ouça atentamente, de forma pensativa, aquilo que digo. Vivencie, experimente. E quando você tiver vivenciado e experimentado, acha que ainda será necessário acreditar no que eu disse? Nesse momento já não haverá mais dúvida. Então para que acreditar? A crença é uma forma de reprimir a dúvida: você duvida, então você precisa de uma crença. A pedra da crença reprime a mola propulsora da dúvida.

Quando você sabe, você *de fato* sabe! Você sabe que é de um jeito e não de outro: não sobrou dúvida alguma. Sua experiência expulsou toda a escuridão e toda a dúvida. A verdade nunca cria uma crença.

Não sou nem um político nem um líder religioso. Ensino uma vida holística, uma vida total. Um ateu pode me seguir, um cristão pode me seguir, um judeu pode me seguir. Não faço qualquer distinção entre nações nem entre religiões. Não faço nenhuma distinção. E não imponho nenhuma condição de que, para me seguir, você tenha que aceitar qualquer crença específica. O que eu digo é que você vivencie, e, se você acreditar que há uma verdade aqui, então é sua decisão acreditar nela ou não. Mas não serei eu que lhe darei uma fé. Só posso dar a você um método de procura. Você encontrará a verdade em sua própria vivência.

Experimentação

Minha sugestão é de que você nunca perca uma oportunidade que possa lhe trazer algo de novo. Nunca se atenha ao passado e permaneça aberto, experimentando... Sempre pronto para trilhar um caminho que você nunca percorreu. Quem sabe? Mesmo que isso se mostre inútil, terá sido uma experiência.

Exploração

A vida é exploração, a vida é aventura.

Cada indivíduo precisa explorar a vida da forma como preferir. Não há regras para o sucesso: essa é a única regra que existe. Não há uma via expressa com placas indicando quão longe você está de seu objetivo. Na exploração da espiritualidade, você tem que caminhar com seus próprios passos: não há um caminho que já esteja pronto para você trilhar. E minha sensação é de que essa exploração é plena de êxtase e de alegria. Você não é como um trem, preso a um trilho. Se estivesse preso a trilhos, você não poderia entrar nas florestas, subir montanhas, ir para onde quiser. O trem é prisioneiro de seus trilhos. Mas um rio não é um prisioneiro e também vai longe. Pode ter percorrido milhares de quilômetros, saindo do Himalaia, até finalmente chegar ao oceano. O rio não tem mapas, instruções ou guias, e tampouco tem alguém no caminho a quem perguntar: "Para onde devo ir agora?" Cada etapa é uma bifurcação.

Ainda assim, estranhamente, todos os rios chegam ao oceano com grande liberdade, encontrando seus próprios caminhos.

Êxtase

Êxtase é uma linguagem de que os homens se esqueceram completamente. Foram forçados a esquecê-la, compelidos a esquecê-la. A sociedade é contra o êxtase, a civilização é contra ele. A sociedade investiu enormemente na miséria e no sofrimento. Ela depende da miséria, alimenta-se da miséria, sobrevive de miséria. A sociedade não é destinada aos seres humanos. Ela usa os seres humanos como um meio para si mesma. A sociedade tornou-se mais importante que humanidade. A cultura, a civilização, a igreja, todas tornaram-se mais importantes. Foram criadas para servir aos homens, mas atualmente inverteram quase totalmente o processo: agora são os homens que existem para servi-las.

Toda criança nasce em êxtase. Êxtase é um estado natural. Não é algo a ser atingido apenas pelos grandes sábios, mas uma coisa que todos trazem dentro de si para o mundo. Cada um já vem pleno de êxtase. Ele constitui o núcleo mais profundo da vida, é parte de estar vivo. A vida é êxtase.

F

Face original

O zen diz: "Descubra a sua face, a face que você tinha antes de nascer. Encontre essa face que você terá novamente quando estiver morto. Entre o nascimento e a morte, aquilo que você pensa ser a sua face é meramente acidental. Você a viu em um espelho. Você não a sentiu a partir do interior, você tem procurado por ela em sua exterioridade."

Você conhece sua face original? Você conhece apenas aquilo que seu espelho lhe mostra. E todas as nossas relações são apenas espelhos. Você só verá sua face original no silêncio profundo.

Fanatismo

Apenas os homens que possuem dúvidas dentro de si mesmos se tornam fanáticos. Um hindu fanático é aquele que não acredita realmente que o hinduísmo está certo. Um cristão fanático é aquele que tem dúvidas sobre a cristandade. Essas pessoas se tornam fanáticas, agressivas, não para provar algo aos outros, mas para provar a si mesmas que realmente acreditam naquilo em que acreditam. Precisam fazer isso constantemente.

Quando você de fato *sabe* algo, não se torna um fanático.

Fantasmas

Não há fantasmas no mundo, mas todas as religiões falam a respeito de fantasmas porque suas próprias bases dependem da crença em Deus. E, se as pessoas começarem a fazer perguntas sobre a existência de Deus, serão imediatamente reprimidas. Basta perder a crença ou duvidar por um único instante sobre Deus e você terá problemas. Os fantasmas seguem a mesma linha de raciocínio. Deus vive bem longe, mas os fantasmas vivem na vizinhança. Podem estar em sua própria casa.

Não é possível assustar as crianças com um Deus que vive longe: nenhuma criança seria tão pouco inteligente para acreditar nisso. A mensagem não é direta e a criança irá pensar: "Veremos. Mas, primeiro, quero o sorvete que está na geladeira." Mas e os fantasmas famintos? Podem estar dentro da geladeira tomando todo o seu sorvete!

FASCISMO

O Dr. Daniel Gottlieb Schreber foi o real fundador do fascismo. Ele morreu em 1861, mas criou as condições necessárias para que Adolf Hitler se tornasse quem se tornou – sem querer, é claro. Schreber tinha opiniões muito específicas sobre como educar crianças. Escreveu muitos livros a respeito, e seus livros foram publicados em muitos idiomas. Todos amavam seus livros, que eram muito respeitados, porque suas opiniões não tinham nada de excepcional. Na verdade, eram bastante comuns. Ele dizia coisas nas quais todos haviam acreditado durante séculos. Ele era o porta-voz das mentes comuns, das mentes medíocres.

Acreditava que as crianças deviam ser disciplinadas já a partir dos seis meses, "porque", disse ele, "se você não disciplinar uma criança quando ela tem seis meses, irá perder a melhor chance de fazê-lo".

Isso é corromper uma criança. Mas todas as religiões do mundo, todos os demagogos e todas as pessoas com inclinações ditatoriais no mundo – assim como todos os supostos "gurus" e os sacerdotes –, todos acreditam nisso. Parece ser essa a causa básica da infelicidade dos homens, porque nenhum homem se move livremente, nenhum homem está sentindo, buscando seu caminho com sua própria consciência. Os homens foram corrompidos em sua raiz.

Schreber, contudo, chamava isso de disciplina, da mesma forma como os pais a chamam. Acreditava em disciplinar as crianças desde o momento em que tinham seis meses de idade, de tal forma que nunca mais questionariam seus pais e ainda assim acreditariam que estavam agindo de acordo com sua vontade. Ele escreveu que, na primeira demonstração de vontade própria, é preciso interrompê-la imediatamente, matá-la imediatamente. Quando você observar que a criança está se tornando uma pessoa, um indivíduo, você tem que destruir o primeiro raio de sua individualidade imediatamente – não deve perder sequer um momento.

O que aconteceu com seus próprios filhos? Ninguém se preocupou com isso. Todos gostaram das idéias dele. Pais no mundo inteiro ficaram muito entusiasmados e começaram a disciplinar seus filhos. E foi assim, segundo as idéias de Schreber, que toda a Alemanha foi disciplinada. Isso abriu caminho para Adolf Hitler.

Fé

A fé é apenas para os cegos. A confiança é para aqueles que experimentaram algo mais profundo. Os que têm fé são os seguidores. Não quero que nenhum dos meus leitores tenha crenças ou fé no que digo. Desejo que confiem em si mesmos.

Essa distinção precisa ser lembrada. A crença é sempre dirigida para a ideologia de outra pessoa, e a fé se dirige à personalidade de outra pessoa.

A fé não é a virtude nem uma grande contribuição para a evolução da humanidade. A fé é o maior obstáculo na busca de uma pessoa pela verdade. Antes que você saia à procura de algo, já terá recebido uma fé suja de segunda mão, e terão lhe dito que isso já é o bastante. Você não tem que procurar, Jesus já procurou por você, Buda já procurou por você.

A fé significa esconder a própria ignorância, algo muito fácil de fazer. A verdade necessita de uma grande energia, uma grande urgência e um envolvimento total na busca.

A verdade está dentro de você, a fé vem de fora. Qualquer coisa que venha de fora não irá ajudá-lo.

Felicidade

Sempre olhe para as coisas de forma que você também seja capaz encontrar algo de bom que possa lhe trazer felicidade. A vida é curta, e a felicidade é muito difícil. Não perca nenhuma oportunidade de ser feliz.

Em geral fazemos exatamente o oposto: não perdemos nenhuma oportunidade de ficarmos infelizes.

Estar feliz é um grande talento. É necessária uma grande inteligência, uma grande percepção, uma quase genialidade para estar feliz. Estar infeliz é trivial. Mesmo pessoas idiotas podem ser infelizes. Não significa nada. É muito fácil ser infeliz, porque a mente vive através da infelicidade. Se você permanecer feliz por um tempo longo, a mente começa a desaparecer, porque não há uma conexão entre a felicidade e a mente. A felicidade é algo que a transcende.

Feminino

Respeite a feminilidade – ela possui qualidades mais elevadas, certamente mais elevadas que as da masculinidade. Mas a mente chauvinista masculina não pode aceitar isso. Por conta de um complexo de inferioridade, a mente masculina tentou reprimir o feminino e, como o masculino é agressivo, violento, destrutivo, ela pôde de fato reprimir. O feminino é receptivo, propenso à entrega: sabe como se desapegar, sabe como ajustar-se, então ajustou-se até mesmo à atitude chauvinista masculina.

Todo o passado da humanidade é feio, e o motivo é que não permitimos que as qualidades femininas florescessem.

Então torne-se cada vez mais receptivo, sensível, criativo, amoroso, dançante, cantante – e, dessa forma, você irá se tornar cada vez mais meditativo. E quanto mais meditativo, mais irá descobrir qualidades femininas florescendo em você.

Feminino e masculino

A mente feminina possui graça, a mente masculina é eficaz. É claro que, com o correr do tempo, se houver um embate constante, a graça será derrotada. A mente eficiente vencerá porque o mundo entende a linguagem da matemática, não a do amor. Mas a partir do momento em que sua eficiência sobrepujar sua graça, você terá perdido algo extremamente valioso, terá perdido o contato com seu próprio ser. Você talvez tenha se tornado muito eficiente, porém não será mais uma pessoa real, mas uma máquina, um ser robótico.

Por causa disso, há um constante conflito entre homens e mulheres. Não podem permanecer separados, precisam se relacionar repetidamente, mas também não podem permanecer juntos. A luta não se dá do lado de fora, ela ocorre dentro de você.

FERIDAS

A mente é um depósito de amargura. Ela coleciona sons, feridas, insultos. E fica remoendo isso durante anos.

Os psicólogos sabem que uma coisa dita quando você tinha apenas quatro anos de idade pode ter deixado uma ferida tão profunda que ela ainda esteja presente, uma ferida aberta. Você não permite que ela seja curada. Continua mexendo na ferida, de forma que ela não cicatriza porque você a está recriando, nunca lhe dá uma oportunidade de cicatrizar por conta própria. Se olharmos para nossa mente, ela nada mais é do que uma sucessão de feridas. Então a vida se torna um inferno, pois só recolhemos os espinhos.

Alguém pode ter sido carinhoso com você durante anos, pode ter sido gentil e amoroso, mas basta essa pessoa dizer uma coisa que o machuque e todos esses anos de amor e amizade desaparecem. O que ela disse, esse pequeno evento, se torna muito importante, passa a valer mais que todo o resto que ela já fez. Você irá se esquecer completamente de seu amor e sua amizade, assim como de todos os sacrifícios que fez para você. Se lembrará apenas daquilo que o feriu, e desejará se vingar.

Esse é o caminho da mente. A mente funciona de forma muito feia. Não possui qualquer graciosidade. Transcenda-a, e você terá superado toda a amargura. Quanto mais você se distanciar da mente, mais doce será a sua vida, doce como o mel.

A meditação é doce, a mente é amarga. Passe da mente à meditação. Ultrapasse a mente. Não seja controlado ou dominado por ela: seja um mestre. Nesse caso, a mente estará bem, você poderá usá-la. Uma vez que você saiba o que é a meditação, que saiba como existir sem a mente, você pode usá-la sem que a mente use você. Esse é o momento a partir do qual sua percepção de mundo passa a ser alterada por dentro, quando a rebelião ocorre, quando a fragrância é liberada.

FILOSOFIA

Aristóteles diz que a filosofia começa com o espanto. Não foi assim que ocorreu no Oriente. Lá dizemos que a filosofia começa com a percepção do sofrimento, não do espanto. Começa com a angústia dos homens, não com o espanto. Com a ansiedade dos homens, com a falta de sentido da vida dos homens e a percepção disso: é aí que começa a filosofia.

A filosofia ocidental permaneceu como uma espécie de diversão. A filosofia oriental não é diversão, mas trabalho, é *sadhana*. Na verdade, não há uma palavra em nenhum idioma do mundo para traduzir essa palavra indiana, *sadhana*, porque não há nada igual em parte alguma. *Sadhana* significa que filosofia não é apenas pensar, mas ser. Uma pessoa precisa tornar-se isso, precisa viver isso! A filosofia precisa tornar-se seu sangue, seus ossos e sua essência.

Sadhana significa não somente um tipo de pensamento sistemático, mas também uma forma de vida. Precisa tornar-se seu estilo de vida. Aquilo que você pensa estar certo precisa ser vivido: só isso provará que aquilo que pensa está certo. Se você pensar que algo está certo, mas estiver vivendo de outra forma, estará enganando os outros e a você mesmo também.

Frustração

A frustração surge como uma sombra do sucesso. Nos países pobres do Oriente não há frustração porque não há sucesso, então a sombra não está presente. Nos países ricos do Ocidente há uma grande frustração porque o sucesso foi atingido: tudo aquilo de que as pessoas sempre precisaram está disponível, mas ainda assim não há contentamento. O sucesso fracassou, é esta a frustração.

No Ocidente, devido à frustração, as pessoas têm se tornado cada vez mais interessadas na meditação, na oração, na contemplação. Isso é parte da mesma frustração. Observei que uma pessoa começa a meditar seriamente quando há apenas duas possibilidades: suicídio ou transformação.

Quando, no mundo externo, parece haver apenas a opção do suicídio e nada mais, então a pessoa se vira para dentro. Apenas nesse ponto, no auge da frustração, ela se entrega. Essa entrega não pode se dar em uma pessoa indiferente. É algo que só acontece quando as coisas estão realmente difíceis e não há outro caminho para fora, pois todos os caminhos se revelaram falsos. Quando você tiver se frustrado completamente com o mundo externo e todos os percursos externos, quando qualquer extroversão parecer sem sentido, somente neste momento a vontade, o desejo de uma peregrinação interior irá surgir.

FUMAR

Faça uma coisa: não pare de fumar nesse momento, porque isso não vai ajudar em nada e você voltará a fumar. Em vez disso, respire. Sempre que você tiver vontade de fumar, obrigue-se a primeiro respirar profundamente durante cinco minutos. Comece expirando, expire profundamente. Inspire profundamente, expire profundamente, mas mantenha a ênfase na expiração, e não tanto na inspiração. Você precisa colocar todo o ar para fora. Contraia todos os músculos para que todo o ar saia. Faça isso durante cinco minutos antes de cada cigarro...

Esse é o preço que você terá que pagar a cada cigarro, certo? Cinco minutos de respiração profunda. Se, após esses cinco minutos, o desejo tiver desaparecido, não há necessidade de fumar. Se o desejo permanecer, você pode fumar. Isso irá ajudá-lo de várias formas.

Primeiro, em 75% das vezes o desejo irá desaparecer. Uma boa respiração lhe trará uma sensação tão boa que você não desejará mais fumar. Você irá se sentir tão feliz e tão cheio de vitalidade que não pensará em fumar.

A respiração faz exatamente o oposto do cigarro, porque através dela você inspira mais oxigênio. Seu organismo passa a funcionar em um plano mais alto, com mais oxigênio, e você terá maior vitalidade. O sangue circula melhor, é purificado melhor. Todo o seu organismo funcionará ao máximo. Quando você fuma, vai depositando dióxido de carbono dentro de seu corpo e seu organismo fica reduzido a um mínimo.

Uma vez que você tenha desfrutado dessa respiração durante cinco minutos, não sentirá mais vontade de fumar. Essa vontade sempre vem quando você não está desfrutando da vida. Se estiver desfrutando de algo, se esquecerá dos cigarros. Se estiver vendo um filme, realmente concentrado, não irá fumar. Se estiver ouvindo música com toda a atenção, se esquecerá. Todas as vezes em que você estiver se divertindo, feliz, não irá fumar. Só irá fumar quando não estiver se sentindo harmonioso e querendo algo para fazer – fumar.

FUTURO

Estamos sempre pensando em termos do futuro. Pare de pensar no futuro: essa é uma forma de prolongar a vida da mente, de alimentá-la. O futuro é o alimento da mente. A partir do momento em que você se decidir pelo presente, a mente terá começado a morrer. É o início do fim, o fim da mente. E o fim dela é o início de sua existência real, de sua vida real.

G

Gnóstico

Essa é uma bela palavra. "Gnóstico" significa alguém que conhece, pois *gnosis* significa "conhecimento". "Agnóstico" significa alguém que não conhece. Agnóstico é aquele que sabe uma única coisa: que ele nada sabe. Ser um agnóstico – esse é o princípio de uma verdadeira religião.

Não tenha crenças, mas não perca a crença. Não seja um hindu, não seja um jainista, não seja um cristão. Do contrário, você irá continuar tateando na escuridão para sempre. A menos que deixe de lado todas as ideologias, todas as filosofias, todas as religiões, todos os sistemas de pensamento e penetre no vazio, sem nada em sua mão, sem idéias prévias... Como você pode ter uma idéia de Deus? Você não o conheceu. Apenas vá em frente, com um grande desejo de conhecer, mas sem idéias preconcebidas do conhecimento. Vá com um desejo intenso de conhecer, com um sentimento de profundo amor para conhecer o que está lá, mas não leve junto idéias que lhe foram passadas por outras pessoas. Deixe-as de fora. Essa é a maior barreira para os que buscam trilhar o caminho da verdade.

Guerra

Os homens têm vivido com a calamidade da guerra por demasiado tempo. Temos que destruir todos os deuses da guerra e, em seu lugar, criar um templo de amor. Devemos matar todos os deuses da guerra, porque é somente através de sua morte que um deus do amor irá surgir.

As guerras não existem porque há grupos de pessoas guerreando em todo o mundo. Fundamentalmente, a guerra existe porque o homem está em conflito consigo mesmo. A raiz da guerra está dentro – o que se vê do lado de fora são os galhos e sua folhagem. A cada dez anos, a humanidade precisa de uma grande guerra mundial.

Durante esses dez anos, os homens acumulam tanta raiva, tanta loucura, tanta insanidade, que isso precisa irromper.

A menos que possamos transformar o script dos homens, a menos que possamos criar para ele um programa que altere completamente sua forma de viver e de ser, ficaremos falando sobre a paz, mas continuaremos nos preparando para a guerra. É isso que temos feito há milhares de anos: falamos de paz e criamos guerras. O mais absurdo é que temos lutado até mesmo em nome da paz! As maiores guerras foram feitas em nome da paz. Esse tem sido um passado completamente destrutivo. Com essa mesma energia, os homens poderiam ter criado o paraíso na Terra, mas tudo que fizemos foi criar um inferno.

Não se trata, contudo, de mudar as ideologias políticas do mundo, de ensinar as pessoas a se portarem como irmãs, porque essas coisas já foram feitas e todas falharam. Há algo mais básico que está errado. Os homens vivem uma divisão, e as mesmas pessoas que falam a respeito de paz são a causa dessa divisão. Elas têm dividido o ser humano em bons e maus, inferiores e superiores, criado divisões entre o mundano e o divino, entre o material e o espiritual. Elas criaram uma rachadura dentro da alma humana, e há uma guerra constante lá dentro. Cada um briga consigo mesmo, e quando isso se torna insuportável uma pessoa começa a brigar com outras pessoas.

É por isso que, em tempos de guerra, as pessoas parecem mais felizes. Suas faces brilham com entusiasmo, seus passos parecem uma dança. Elas estão excitadas, porque pelo menos durante alguns dias não precisarão lutar consigo mesmas. Encontraram um bode expiatório do lado de fora.

Podem ser os fascistas, os comunistas, os muçulmanos, os cristãos: não importa, contanto que haja alguém do lado de fora. É uma fuga da luta interior. De uma forma muito doentia, é relaxante. Mas não é possível permanecer em guerra continuamente. Mais cedo ou mais tarde, os homens precisam voltar-se para dentro novamente. Os políticos criam as guerras no mundo exterior, enquanto os sacerdotes criam as guerras no mundo interior. Essa é a mais longa e a maior conspiração contra a humanidade.

Minha visão é a de uma alma integrada. O corpo é respeitado, e não negado; é amado, venerado, e todos se sentem felizes com ele. A matéria não é condenada, ela é desfrutada como parte de nosso crescimento espiritual. Não há dualidade, mas uma dialética do crescimento. Da mesma forma como nos movemos usando dois pés e os pássaros voam sobre duas asas. Matéria e espírito, corpo e alma, inferior e superior, todos são duas asas.

O que estou tentando fazer surgir é algo completamente novo, algo que nunca antes existiu na Terra: um ser humano que esteja à vontade com ambos os mundos, este e aquele. Um ser humano que seja tão mundano e tão etéreo e espiritualizado quanto possível. Um ser humano que seja uma grande síntese, que não seja esquizofrênico, que seja inteiro, íntegro e divino.

Gurus

Gurus e discípulos são uma criação da mente. Como sua mente precisa de gurus, há gurus. Você os cria. Porque deseja que o ensinem, há professores. Você precisa deles. Se você gosta disso, vá fundo. Caso contrário, esqueça.

A palavra "guru" tornou-se quase uma condenação. No entanto, o seu significado original é belo: "alguém que é mais denso, cristalizado, aquele que possui mais peso". No idioma hindi, a força gravitacional é chamada de *guruthwa karshan*. Assim como a Terra puxa as coisas em direção a seu centro por meio da força gravitacional, as pessoas gravitam em direção ao guru, sem que ele faça nada. A Terra não está fazendo nada para puxar você: é apenas parte de sua natureza que qualquer coisa que esteja dentro de seu campo, de cerca de trezentos quilômetros, seja puxada em sua direção.

"Guru" significa "aquele que possui peso", que é centrado, enraizado, e que possui uma força gravitacional. Mas esse significado original se perdeu. Em especial, desde que começaram a surgir gurus indianos no Ocidente, a palavra tornou-se quase um xingamento. E faz sentido que tenha se tornado assim, porque as pessoas que vieram para o Ocidente não eram gurus de forma alguma. Vieram para o Ocidente para explorar os outros. Tinham conhecimento de muitas coisas que o Ocidente ignorava. Possuíam mais filosofia, conheciam mais teologia, tinham melhores argumentos. Na Índia, isso tem sido uma profissão durante séculos. Então, quando vieram para o Ocidente, imediatamente causaram um grande impacto. Um padre cristão parecia pobre em comparação a eles. Mesmo o mais culto dos rabinos não era um competidor à altura.

E aqueles que vieram não eram grandes homens. Vieram para o Ocidente para obter seguidores, coletar dinheiro e, finalmente, levar esse dinheiro para a Índia para construir templos e lugares onde eles e seus discípulos pudessem viver. Mas sempre foi uma questão materialista, não havia nada de espiritual nisso. Naturalmente, a palavra "guru" passou a ter conotações negativas.

H

Harmonia

Deus é a harmonia de tudo aquilo que existe, e você pode observar: tudo é harmonioso. As árvores balançando com o vento: estão em harmonia. As árvores não brigam contra o vento, elas dançam com ele. As estrelas se movem em enorme harmonia. Essa vasta existência é uma grande orquestra: tudo está em sintonia com todo o resto. Não há conflito, não há divisões, não há desarmonia.

Apenas o homem é capaz de acreditar que ele é algo separado disso tudo, porque possui consciência, e a consciência lhe dá o poder de escolha, a alternativa. Você pode pensar em si mesmo como estando à parte – e então cairá em miséria e sofrerá como no inferno – ou pode tentar compreender a unidade do todo e, subitamente, haverá o êxtase. Ser *um* com o todo é o êxtase. Estar separado do todo é miséria e sofrimento.

Hesitação

A mente é hesitação, a mente é "ou isso ou aquilo", a mente está sempre no espaço do "ser ou não ser". Se você de fato deseja crescer, amadurecer, se realmente deseja saber do que se trata a vida, não hesite. Comprometa-se, envolva-se! Envolva-se com a vida, comprometa-se com a vida, não seja um mero espectador. Não fique pensando se deve ou não fazer algo. Você pode passar toda a sua vida hesitando, e quanto mais hesitar, mais hábil se tornará nisso.

A vida é para aqueles que sabem comprometer-se, que sabem dizer *sim* a alguma coisa, dizer *não* a outras coisas de forma decisiva, categórica. Uma vez que você tenha dito *sim* ou *não* categoricamente, poderá mergulhar, ir fundo no oceano.

As pessoas ficam sentadas em cima do muro. Milhões de pessoas sentadas em cima do muro, de uma forma ou de outra, apenas esperando que uma oportunidade surja. Mas essa oportunidade nunca virá, porque ela já chegou, está aqui!

Sugiro que mesmo que algumas vezes você se comprometa com a coisa errada – deve comprometer-se. Não importa se estiver certo ou errado: terá sido bom comprometer-se. No dia em que descobrir que algo está errado, você poderá partir, abandonar aquilo. Pelo menos terá aprendido uma coisa: que estava errado, e tentará não fazer a mesma coisa de novo. É uma grande experiência: ela o aproximará da verdade.

Por que as pessoas hesitam tanto? Porque foram treinadas, desde a infância, a não cometer erros. Essa é uma das grandes lições de todas as sociedades no mundo – uma lição perigosa e muito prejudicial. Ensine as crianças a cometer tantos erros quanto for possível, com uma única condição: não cometer o mesmo erro novamente, só isso. E elas irão crescer, experimentarão cada vez mais e não irão hesitar.

Hitler

Adolf Hitler escreveu em sua autobiografia, *Mein Kampf* (Minha luta), que, se você continuar repetindo uma mentira, ela se torna real. A repetição é a chave, e ele certamente sabia disso. Ele praticava isso. Não estava apenas falando de forma teórica, ele praticou isso durante toda sua vida. Ele dizia mentiras, mentiras completamente absurdas, mas continuava repetindo-as. Quando você continua repetindo uma mentira sem parar, ela começa a tornar-se real, porque a mente começa a ficar hipnotizada por ela.

Partindo de mentiras, o que você repetir se tornará uma mentira. Partindo do medo, o que você fizer se tornará medo novamente. Partindo do ódio, se você tentar amar, esse amor será apenas um ódio oculto: não poderá ser nada além disso, você está cheio de ódio.

As pessoas têm se perguntado por que Adolf Hitler foi capaz de dominar pessoas inteligentes como os alemães. Parece um paradoxo que homens como Martin Heidegger, um dos maiores pensadores de nossos tempos, tenha apoiado Adolf Hitler. Grandes professores das veneráveis universidades alemães apoiaram Hitler. Como isso foi possível?

Hitler era apenas uma pessoa burra, sem educação, nada sofisticado. Mas tinha algo dentro de si que faltava aos professores, que faltava às pessoas inteligentes. Algo que os Martin Heideggers não tinham, que nenhuma pessoa inteligente pode ter: certeza absoluta. Era um idiota, mas podia dizer as coisas sem "talvez" e "porém". Podia fazer declarações como se soubesse tudo com absoluta certeza. Era um louco, mas sua loucura tinha grande impacto. Mudou todo o curso da história humana.

Não é surpresa que os alemães tenham ficado tão interessados e impressionados com ele. Eram pessoas inteligentes, algumas das mais inteligentes do planeta, e a inteligência sempre traz um estado de confusão. Esse é o segredo do sucesso de Hitler. A inteligência traz a confusão e a confusão gera o medo. As pessoas não sabem para onde ir, o que fazer, e começam a buscar um líder. Começam a buscar alguém que possa dizer as coisas com certeza absoluta, que possa fazer afirmações categóricas.

Humor

Para mim, o humor é a mais sagrada experiência de vida.

E há muitas coisas para provar isso: à exceção dos homens, nenhum animal em toda a existência possui senso de humor. Você espera que um búfalo ria? Ou que uma mula tenha senso de humor? A partir do momento em que os santos ocidentais se tornam sérios, caem na mesma categoria que os búfalos e as mulas: não são mais humanos, porque essa é a única qualidade especial que a consciência humana possui. Isso nos mostra que é somente a partir de um determinado ponto da evolução que o humor se manifesta.

E quanto mais alto você se eleva, mais divertida e bem- humorada será sua abordagem em relação à vida e seus problemas. Os problemas não serão mais um peso, será uma alegria resolvê-los. A vida não será um pecado – foram as pessoas sérias que fizeram da vida um pecado –, mas uma recompensa, um presente. E aqueles que estão desperdiçando suas vidas com a seriedade não estão sendo gratos com a existência.

Aprenda a rir com as flores e as estrelas, e você sentirá uma estranha leveza tomando conta de seu ser... como se você tivesse asas e pudesse voar.

I

Idiotice e racionalização

Idiotice é uma palavra muito melhor que racionalização, mas ambas significam exatamente o mesmo. Racionalização é uma palavra analítica, para ser usada por professores. Idiotice tem mais vida. Racionalização não tem sangue, mas idiotice é jovem, está cheia de vida e de energia. Racionalização é um termo filosófico. Idiotice vem do povo, tem sido usada por pessoas que estão trabalhando, vivendo o cotidiano da vida – não vem das torres de marfim das universidades. É mais autêntica, ela significa muito mais que racionalização. E lembre-se de que palavras criadas pelos professores nunca têm energia e vigor. São palavras mortas, analíticas, mas não dizem muito. Em vez de dizer, escondem.

Deixe-me dizer isso da seguinte forma: a própria palavra "racionalização" é uma racionalização: tem sido usada para evitar a palavra "idiotice".

Igualdade

Todo indivíduo nasce com um talento específico, alguma genialidade específica que lhe pertence. Pode não ser um poeta como Shelley ou Rabindranath Tagore, pode não pintar como Picasso ou Rembrandt, pode não compor como Beethoven ou Mozart, mas certamente terá algo dentro de si. É isso que precisa ser descoberto. É preciso ajudá-lo a descobrir o que ele trouxe para o mundo como dádiva.

Ninguém vem sem alguma dádiva, cada um traz um potencial. Mas a idéia de igualdade é perigosa, porque a rosa precisa ser a rosa e o cravo precisa ser o cravo. Se você tentar fazer com que sejam todos iguais, então estará destruindo a todos: rosas e cravos serão ambos destruídos. Talvez seja possível criar flores de plástico, que serão absolutamente iguais umas às outras, mas elas estarão mortas.

ILUMINAÇÃO

A iluminação é simplesmente o processo de tornar-se perceptivo em relação às camadas inconscientes da personalidade e abandoná-las. Elas não são você: são faces falsas. E, por causa dessas faces falsas, você não pode descobrir sua face original e verdadeira. A iluminação nada mais é do que a descoberta da face original – a realidade essencial que você trouxe consigo e a realidade essencial que levará com você quando morrer. Todas essas camadas acumuladas entre o nascimento e a morte ficarão para trás.

Quando você atinge a iluminação, não se torna uma nova pessoa. Na verdade, você não ganha nada, apenas perde algo: se desprende de suas correntes, de suas amarras, deixa para trás seu sofrimento e vai perdendo outras coisas. A iluminação é um processo de perda. Quando não há nada a perder, esse estado é o nirvana. Esse estado de completo silêncio pode ser chamado de iluminação...

Não lhe prometo nada. Não lhe prometo o reino de Deus, nem a iluminação: não faço promessas. Minha abordagem é viver um momento de cada vez, estando iluminado ou não. O que importa? Viva os momentos de forma alegre, em êxtase, totalmente, intensamente, apaixonadamente...

Se alguém vive de forma apaixonada, o ego se dissolve. Se alguém se coloca por inteiro em seus atos, o ego *tem* que se dissolver. É como um dançarino que está dançando por um longo tempo: em algum momento apenas a dança permanece e o dançarino desaparece. Esse é o momento da iluminação.

Sempre que aquele-que-faz não estiver presente, sempre que o manipulador não estiver presente, sempre que não houver ninguém dentro de você, e houver apenas o vazio, o nada, isso será a iluminação. A partir desse belo espaço, tudo que nascer terá graça, glória.

IMORTALIDADE

O segredo da imortalidade não é tão secreto que não possa ser descoberto. Na verdade é bem conhecido, basta cavar um pouco dentro de si mesmo que você poderá descobri-lo. Há apenas algumas camadas de lixo a serem removidas: chamamos esse lixo de "mente". Pensamentos, desejos e memórias se acumulam lá dentro, e por causa desse acúmulo não podemos ver nossa própria verdade. Quando somos capazes de abrir um pequeno espaço, a verdade é descoberta.

A verdade é que somos imortais. A verdade é que nunca nascemos e jamais morreremos, que o nascimento e a morte são episódios em nossa vida eterna. Milhares de vezes passamos pelo nascimento, e milhares de vezes deixamos nosso corpo. É por causa dessa mente que continuamos voltando várias vezes. E é por causa da mente que *samsara*, a roda de nascimento e morte, continua a se mover.

Se deixarmos a mente de lado, a roda pára. E nisso consiste toda a arte da meditação – como deixar de lado essa mente e como entrar no espaço chamado de não-mente.

Imperfeição

O perfeccionismo é a causa básica de todas as neuroses. Ninguém pode ser perfeito – ninguém *precisa* ser perfeito. A vida é bela porque tudo é imperfeito. A perfeição é a morte, a imperfeição é a vida. É por causa da imperfeição que o crescimento é possível. Se você for perfeito, então não haverá crescimento, não haverá movimento. Nada poderá acontecer com você, pois tudo já terá acontecido. Você estará absolutamente morto.

Imprevisível

Só é possível prever coisas, mas não consciências. A consciência é imprevisível. Aquilo que irá brotar em você só poderá ser conhecido quando já houver brotado.

Incognoscível

Aqui estão três palavras que devem ser lembradas: o conhecido, o conhecível e o incognoscível.

Aquilo que é conhecido já foi desconhecido antes. O conhecível é desconhecido hoje mas também se tornará conhecido no futuro.

A ciência acredita em apenas duas categorias: o conhecido e o desconhecido. Mas o desconhecido significa o conhecível: até agora não fomos capaz de conhecê-lo, mas em algum momento seremos. Assim, em algum momento na história, no futuro, chegaremos a um ponto do conhecimento em que restará apenas uma categoria – aquilo que é conhecido. Tudo já será conhecido porque o desconhecido foi lentamente reduzido ao conhecido.

Mas a religião possui uma terceira categoria, que é o incognoscível – aquilo que nunca foi conhecido nem nunca será. Era incognoscível ontem, é incognoscível hoje, permanecerá incognoscível amanhã.

A ciência acredita que a existência pode ser desmistificada, mas a religião sabe que há coisas desconhecíveis, que permanecerão sempre um mistério. E esse incognoscível se chama Deus, verdade, nirvana – há tantos nomes para ele –, *tao*, *dhamma*, *logos*, mas há uma qualidade que está definitivamente presente em todas essas palavras: é um mistério absoluto. Você pode penetrar nele, tornar-se parte dele, mas você não pode conhecê-lo.

Você pode vivenciá-lo, mas não conhecê-lo. Pode experimentá-lo, mas não pode dizer nada a seu respeito. Essa é a experiência mais valiosa. Pode ser vivenciada mas jamais expressada. É por isso que não pode tornar-se parte do que é conhecido.

Muitas pessoas já a vivenciaram – Buda, Lao Tsé, Patanjali, Kabir –, mas ninguém jamais foi capaz de falar a respeito. Tudo o que disseram foi como encontrar essa experiência, mas nada sobre o que será encontrado.

Lao Tsé começa seu livro, o *Tao-Te King*, dizendo: "A verdade é aquilo que não pode ser expresso." "Lembre-se disso", ele diz, "e então você poderá ler meu livro. Não se esqueça, porque a verdade não será encontrada nessas palavras." Talvez seja possível encontrá-la nos espaços entre as palavras ou nas entrelinhas, mas não nas palavras, não nas linhas em si.

Essa é nossa busca – o incognoscível.

Inconsciência e não-percepção

As pessoas se movem de forma inconsciente, mecânica, sem percepção. Não sabem o que estão fazendo. E como poderiam saber, porque nada sabem a respeito de quem são. Se você não conhece o seu ser, não pode perceber suas ações, é impossível.

Primeiro é preciso perceber o ser – e isso é o crescimento. Crescer para dentro é crescimento, voltar-se para dentro é crescimento.

Não há um "mal", portanto não é necessário ser salvo de coisa alguma. Existe apenas uma coisa, que é um estado de inconsciência, não-conhecimento, não-percepção. Não irei chamar isso de "mal" – é uma situação, um desafio, uma aventura, mas não é o mal. A existência não é o mal, a existência é uma oportunidade para crescer. Claro que essa oportunidade para crescer só será possível se você estiver em meio a milhares de tentações, se for atraído por aspirações desconhecidas, se surgir em você um enorme desejo de explorar... E a única coisa que pode impedi-lo é a inconsciência, a não-percepção.

Individualidade

Você talvez não saiba que a palavra "personalidade" vem do idioma grego. Significa "máscara". Nas tragédias gregas clássicas, todos os atores usavam uma máscara. *Persona* significa "máscara", e de *persona* nos veio a palavra "personalidade". A menos que você deixe de lado sua personalidade, não será capaz de encontrar sua individualidade.

A individualidade é atribuída pela existência, enquanto que a personalidade é imposta pela sociedade. A personalidade é uma convenção social. A sociedade não pode tolerar a individualidade, porque a individualidade não irá seguir ordens, como as ovelhas. A individualidade é como um leão, e os leões se movem sozinhos.

As ovelhas estão sempre em um rebanho, acreditando que, por estarem lá, ficarão seguras. Dentro de um rebanho é possível sentir-se mais protegido e seguro. Se alguém ou alguma coisa atacar, é mais fácil salvar-se em meio a um rebanho, mas não se você estiver sozinho. Apenas os leões se movem sozinhos.

E cada um de vocês nasceu como um leão, mas a sociedade continua condicionando-os, programando suas mentes para serem uma ovelha. Isso lhes dá uma personalidade, uma personalidade confortável, simpática, muito prática, muito obediente.

INFELICIDADE

A felicidade surge quando você desaparece. A infelicidade surge quando você está excessivamente presente. Você é a discórdia, sua ausência será a concórdia. Algumas vezes você tem breves visões da felicidade – isso ocorre quando, por acidente, você não está presente. Talvez esteja olhando a natureza, ou olhando para as estrelas, ou segurando a mão da pessoa amada, ou fazendo amor... Há momentos em que não está presente. Se você estiver presente, nessa mesma situação não haverá felicidade. Se você estiver fazendo amor com a pessoa amada, e isso for realmente o que as palavras dizem, um *fazer*, então não haverá felicidade.

O amor não pode ser feito. Você pode entregar-se a ele ou não, mas não há como "fazê-lo". Essa expressão está errada. "Fazer amor" é um absurdo. Como algo assim poderia ser "feito"? Se aquele que faz estiver presente, se o "fazedor" estiver lá, o técnico continua a existir. E se você estiver seguindo as técnicas de Masters & Johnson ou do Vatasyayana ou de qualquer outra fonte, e não estiver completamente perdido no ato, não haverá felicidade. Quando você está perdido, quando não sabe onde está indo, não sabe o que está fazendo, é então que você se encontra possuído pelo todo, e não existe uma parte separada desse todo... Daí surge uma experiência orgasmática. Isso é a felicidade.

INICIANTES

Dizem que uma pessoa zen sempre mantém a mente de iniciante, que nunca se torna uma especialista. Está pronta para aprender. Não está fechada, está sempre vulnerável, aberta. Seja qual for a mensagem que você trouxer, ela não começará dizendo: "Eu já sei de tudo." Esse termo, *mente de iniciante*, é muito importante.

A mente de iniciante é uma mente inocente, uma mente ignorante. A mente de iniciante significa: "você sabe que não sabe". E, sabendo que não sabe, está pronto para aprender, está disponível, aberto.

INSIGHT

Todos os grandes cientistas dizem que, sempre que eles descobrem algo, não estavam pensando – a descoberta foi feita quando o pensamento havia cessado e ocorreu um intervalo, um lapso. Nesse intervalo estava o insight, o clarão da intuição, rápido como um raio. Quando o pensar pára, seu pensamento se torna puro. Pode soar paradoxal: quando o pensar pára – permita que eu o repita –, seu pensamento se torna puro, sua capacidade de refletir a realidade se torna pura.

Inspiração

A palavra "inspiração" é perigosa. Primeiro há uma inspiração, depois se torna seguir, depois se torna imitar e, no final, você acaba sendo uma cópia carbono. Não é necessário se inspirar em alguém. Não somente não é necessário como também é perigoso.

Cada indivíduo é único. Ele não pode seguir um outro para qualquer lugar que seja. A inspiração tem sido uma maldição e não uma bênção. Aprenda de todas as fontes, aproveite todos os seres absolutamente únicos que você encontrar, mas nunca siga ninguém e nunca tente tornar-se exatamente como outra pessoa. Isso não é permitido pela existência. Você pode apenas ser você mesmo.

Isso é um fenômeno peculiar: as pessoas que se tornaram uma fonte de inspiração para milhões de outras pessoas jamais foram, elas mesmas, inspiradas por alguma outra pessoa. Contudo, ninguém percebe esse fato. O Buda Gautama nunca se inspirou em ninguém, e foi isso que fez dele uma grande fonte de inspiração. Sócrates nunca se inspirou em ninguém, mas foi o que o tornou tão especial. Todas essas pessoas em que você pensa como fontes de inspiração nunca se inspiraram em ninguém. É fundamental entender isso. Sim, eles aprenderam: tentaram compreender todos os tipos de pessoas. Amavam indivíduos únicos, mas não escolheram ninguém para seguir.

Continuaram tentando ser eles mesmos.

Integridade

Respeite a si mesmo, ame a si mesmo, porque nunca houve uma pessoa como você e nunca haverá outra de novo. A existência nunca se repete. Você é completamente único, incomparavelmente único. Você não precisa ser como outra pessoa, não precisa ser um imitador, tem que ser fiel a si mesmo, a seu próprio ser. Tem que seguir seu próprio caminho.

A partir do momento em que começa a aceitar e respeitar a si mesmo, você começa a se tornar íntegro. Então não há nada que possa dividi-lo, não há nada para criar uma cisão...

Eu ensino um novo homem, uma nova humanidade, que não irá pensar no futuro e nem viver tomado por "deveria" e "acharia melhor". Ensino uma humanidade que não irá negar nenhum instinto natural, que irá aceitar o corpo, que irá aceitar tudo que é dado pela existência com profunda gratidão.

Seu corpo é seu templo, ele é sagrado. Seu corpo não é seu inimigo. Amar seu corpo e cuidar dele são atos religiosos, e não coisas que vão contra a religião. O que vai contra a religião é torturar seu corpo e destruí-lo. Uma pessoa religiosa irá amar o próprio corpo porque ele é a morada do divino.

Você e seu corpo não são realmente dois, mas a manifestação de um único. Sua alma é seu corpo invisível, e seu corpo é sua alma visível. Eu ensino essa unidade e, com essa unidade, é possível tornar-se íntegro. Ensino a alegria, não a tristeza. Ensino a diversão, não a seriedade. Ensino o amor e o riso porque, para mim, não há nada mais sagrado do que o amor e o riso, e não há nada mais próximo da oração que a diversão.

Sim, minha abordagem da vida é holística, porque, para mim, ser íntegro, ser um, é ser sagrado.

Intelecto

O intelecto vem da mente: ele depende da memória, funciona através de conhecimento externo. Todos os sistemas educacionais do mundo estão fundamentados no desenvolvimento intelectual. Portanto, todos dependem da memória. As provas, em nossas escolas, colégios e universidades, não testam a inteligência, testam apenas quão boa é sua memória. Mas ela não é indício de inteligência. A memória é mecânica. Um computador pode ter uma memória superior à de um gênio humano, mas o computador não possui inteligência.

A mente dos homens nada mais é que um biocomputador, o

qual tem evoluído há um bom tempo. E "inteligência" é aquilo que surge quando a memória está em silêncio e o intelecto não está funcionando, quando toda a mente está em repouso.

A inteligência é algo além da mente.

Em português há um problema, porque a mesma palavra é usada para duas coisas que, no entanto, são completamente diferentes. Em sânscrito, e em todos os idiomas do Oriente, temos nomes diferentes para cada um: o intelecto é chamado de *bodhi*, a faculdade de conhecimento; e a inteligência é chamada de *pragya*, a faculdade de saber, e não o conhecimento.

O conhecimento é sempre morto, ele é informação. E nossos sistemas educacionais estão fazendo com os estudantes exatamente o que fazemos com os computadores – alimentando-os cada vez mais com informações. Mas nenhum computador pode responder a uma pergunta para a qual não tenha sido previamente preparado. O intelecto pode apenas responder aquilo que ele já sabe: ele está mofado, diz respeito ao passado.

A inteligência é uma resposta a uma nova situação, surgida não de suas memórias passadas, mas de sua percepção presente, neste exato momento. Você não funciona como um computador, você não procura a resposta em sua memória armazenada. Em vez disso, simplesmente abre sua consciência à situação e permite que a resposta espontânea apareça.

Em outras palavras, a inteligência é a responsabilidade espontânea.

Inteligência

A inteligência simplesmente significa uma habilidade para responder, porque a vida é um fluxo. Você tem que estar alerta e perceber o que é exigido de você, qual é o desafio da situação. Uma pessoa inteligente se comporta de acordo com a situação, enquanto uma pessoa burra se comporta de acordo com respostas já preparadas. Quer venham de Buda, Cristo ou Krishna, não importa, ela sempre carrega escrituras consigo, tem medo de depender apenas de si mesma. Uma pessoa inteligente depende de seus próprios insights. Ela confia em seu próprio ser. Ela ama e respeita a si mesma. A pessoa não-inteligente respeita outras pessoas.

Inveja

A inveja vem da comparação. E fomos ensinados a comparar, fomos condicionados a comparar sempre. Fulano tem uma casa melhor, sicrano possui um corpo mais belo, beltrano ganhou mais dinheiro. Compare, continue comparando a si mesmo com cada um que você encontrar, e o resultado será uma grande inveja. É o efeito colateral do condicionamento para a comparação.

No entanto, se você parar de comparar, a inveja desaparecerá. Então simplesmente saberá que você é você, e que não é ninguém mais, já basta. É bom que não se compare com árvores, do contrário começará a sentir uma profunda inveja: por que você não é verde? Melhor não se comparar com os pássaros, nem com os rios, nem com as montanhas, pois irá sofrer. A comparação é uma atitude tola, porque cada pessoa é única e incomparável. Quando você puder compreender isso a fundo, a inveja desaparecerá. Cada um é único e incomparável. Você é apenas você mesmo: ninguém jamais foi como você, ninguém jamais será assim. E você não precisa se parecer com ninguém mais.

Ioga

Em primeiro lugar, é importante lembrar que ioga não é uma religião. Ioga não é hindu, não é muçulmana. Ioga é ciência pura, assim como a matemática, a física ou a química. A física não é cristã nem budista. Mesmo que tenham sido os cristãos a descobrirem as leis da física, ainda assim a física não é cristã. Foi apenas um acidente que os cristãos tenham descoberto essas leis. Mas a física continua sendo apenas uma ciência. A ioga é uma ciência, e é apenas um acidente que os hindus a tenham descoberto. Ela não é hindu. É a matemática pura do ser interior.

A ioga é uma ciência pura, e Patanjali é o maior expoente do mundo no que diz respeito à ioga. Esse é um homem raro. Não há outro nome comparável a Patanjali. Pela primeira vez na história da humanidade, esse homem levou a religião ao estado de uma ciência: transformou a religião em ciência, em leis puras. Não é necessário acreditar em nada.

A ioga se preocupa com seu ser total, com suas raízes. Não é filosofia. Então, com Patanjali, não iremos pensar nem especular. Com Patanjali tentaremos conhecer as mais profundas leis do ser: as leis de sua transformação, as leis de como morrer e de como renascer, as leis de uma nova ordem de ser. É por isso que eu a chamo de ciência.

Patanjali é raro. É um iluminado, como Buda, como Krishna, como Cristo, Mahavira, Maomé e Zaratustra, mas ele tem algo de diferente de todos eles. Buda, Krishna, Mahavira, Zaratustra e Maomé – nenhum deles tinha uma atitude científica. Foram os grandes fundadores de religiões. Eles mudaram todo o padrão da mente humana, bem como sua estrutura, mas suas abordagens não foram científicas.

Patanjali é como um Einstein no mundo dos budas. Ele é um fenômeno. Poderia facilmente ter ganho o Prêmio Nobel, assim como Einstein, Bohr, Max Planck e Heisenberg. Ele possui a mesma atitude, a mesma abordagem de uma mente rigorosamente científica. Ele não é um poeta: Krishna é um poeta. Não é um moralista: Mahavira é um moralista. Ele é basicamente um cientista, pensando em termos de leis científicas. E terminou deduzindo as leis absolutas do ser humano, a mais profunda estrutura do funcionamento da mente humana e da realidade.

J

Jogador

Descubra por que você está se sentindo desanimado, chateado, e então mude.

É uma vida tão curta. Corra riscos, seja um jogador: o que você tem a perder?

Chegamos ao mundo com as mãos vazias, partimos com as mãos igualmente vazias. Não há nada a perder. Há apenas um pouco de tempo para nos divertirmos, cantarmos uma bela canção, e depois o tempo estará esgotado.

Cada momento é muito precioso.

Juízo Final

Não há Deus, então não há por que temer o dia do Juízo Final.

Jamais haverá esse dia do Juízo Final. Além disso, pense o seguinte: em apenas vinte e quatro horas, mesmo que seu Deus seja absolutamente poderoso, quantos milhões de pessoas, que já viveram durante todos os séculos, se reunirão no dia do Juízo Final em um tribunal? Haverá um mar de pessoas gritando para serem julgadas. Não acho possível que, em vinte e quatro horas, Deus possa decidir quem vai para onde.

O Juízo Final – a própria idéia é idiota. Haverá tantos arquivos sobre cada um de nós que Deus levará toda a eternidade só para organizá- los.

Justiça

Mulá[1] Nasruddin foi escolhido para ser um magistrado honorário.

---

[1] No Islã xiita, título dado às personalidades religiosas, em especial aos doutores da lei corânica (N. do T.).

Apresentaram a ele seu primeiro caso. Ele ouviu apenas um dos lados e declarou à corte: "Dentro de cinco minutos estarei de volta com meu julgamento."

O assistente do tribunal não podia acreditar: como ele poderia deixar de ouvir o outro lado! O assistente murmurou junto ao juiz: "O que o senhor está fazendo? Não percebe um erro tão simples? O senhor só ouviu um dos interessados, um dos lados. O outro lado está esperando, e sem ouvi-los o senhor não pode chegar a julgamento algum."

Mulá Nasruddin disse então: "Não tente confundir-me. Neste exato momento tudo está absolutamente claro para mim. Se eu ouvir também o outro lado certamente haverá confusão."

K

Koan

Um *koan* é uma charada que não possui uma solução. É uma charada que nunca pode ser resolvida, mas conforme você continuar meditando e for se tornando cada vez mais silencioso, ele se dissolve. Subitamente não há mais charada, não há um problema, não há nada para resolver. O *koan* é um pensamento, e ele desaparece na meditação profunda, assim como todos os outros pensamentos. O zen possui milhares de *koan*.

Kundalini

Existência é energia, é o movimento da energia em diversas formas. No que diz respeito à existência humana, é a energia *kundalini*. *Kundalini* é a energia focada do corpo humano e da psique humana.

A energia pode existir de forma manifesta ou não-manifesta. Pode continuar como uma semente, ou brotar de forma manifesta. Toda a energia está na semente ou na forma manifesta. *Kundalini* significa seu potencial total, toda as suas possibilidades. Mas é uma semente, é o potencial. Há formas de despertar a energia *kundalini* para trazer seu potencial à tona.

Em primeiro lugar, *kundalini* não é algo único. Como tal, é apenas a energia humana. Mas, em geral, apenas uma parte dela está funcionando, uma parte bem pequena. E mesmo essa parte não está funcionando de forma harmoniosa: ela está em conflito – daí o sofrimento, a angústia. Se a sua energia puder funcionar harmoniosamente, então você atingirá o êxtase. Mas, se estiver em conflito, se for antagônica a si mesma, então você estará sofrendo. Toda miséria significa que sua energia está em conflito, e toda felicidade, todo êxtase, significa que sua energia está em harmonia.

L

Lágrimas

As pessoas perderam quase que completamente a dimensão das lágrimas. Elas só as deixam sair quando estão em profundo estado de dor ou sofrimento. Esqueceram-se de que as lágrimas também podem ser de felicidade, de enorme prazer, de celebração.

As lágrimas não têm nada a ver com o sofrimento ou a felicidade. Elas têm a ver com qualquer coisa que seja muito profunda e precise transbordar. Pode ser felicidade, pode ser tristeza. Qualquer coisa que seja intensa demais, impossível de conter, algo que transborde: a xícara ficou cheia demais. As lágrimas saem desse excesso. Então dê a elas o seu devido valor.

Lar

Todos temos um profundo desejo de ter um lar, mas isso não tem nenhuma relação com o lar físico. Este tornou-se apenas um objeto para o desejo profundo de ter um lar. Em outras palavras, é apenas uma desculpa. Como não conhecemos o verdadeiro lar, criamos um pequeno lar e nos agarramos a ele. Isso nos traz algum consolo, faz com que a pessoa sinta que tem um lar. Na verdade, não temos lar algum nessa Terra. O lar não existe aqui – ele fica em algum lugar dentro de nós, no mais profundo núcleo de nosso ser, mas chegar lá é uma jornada longa, árdua e perigosa.

Isto é simples, criar um lar e sentir-se pertencendo a ele. E nesse mundo você nunca está em seu lar! Converter uma casa em um lar é um truque psicológico – ajuda, funciona como um tranqüilizante. É como o cobertor favorito de uma criança pequena: ajuda-a a sentir-se segura. O lar ajuda uma pessoa a não se sentir solta no mundo; a saber que possui raízes, que possui um lugar para ir, que pertence a um determinado lugar. Então criamos países, nações, pátrias, igrejas, templos, e mil e uma coisas, mas a busca é pelo lar... e você não pode encontrá-lo em lugar algum do lado de fora.

Lavagem cerebral

Alguém pode me dizer o que há de errado em receber uma lavagem cerebral? Lave seu cérebro todo dia, mantenha-o limpo! Você gosta de baratas? Quando faço uma lavagem cerebral nas pessoas, é isso que encontro, baratas.

As baratas são animais muito especiais. Foi cientificamente comprovado que, sempre que você encontra homens, encontra baratas, e sempre que você encontra baratas, encontra homens. Andam sempre juntos, são velhos companheiros.

O que você tem em seu cérebro? Lavá-lo é uma excelente idéia. Mas as pessoas têm dado a isso uma conotação errada, entretanto são essas pessoas que estão erradas.

Os cristãos têm medo de que alguém faça uma lavagem cerebral neles, porque assim deixarão de ser cristãos. Os hindus têm medo porque assim deixarão de ser hindus. Os muçulmanos têm medo, os comunistas têm medo... Todos têm medo da lavagem cerebral.

Mas sou absolutamente a favor dela. Não tenho medo de lavagens cerebrais porque não estou colocando baratas em sua mente. Estou lhe dando a oportunidade para vivenciar uma mente limpa e, uma vez que você saiba o que é uma mente limpa, nunca mais irá deixar que alguém deposite besteiras e lixo em sua mente.

Lealdade

No lugar do amor e da confiança, criamos um falso valor: a lealdade. Uma pessoa leal está amando apenas superficialmente. Ela faz todos os gestos do amor, mas eles não significam nada: seu coração permanece de fora desses gestos formais.

Um escravo é leal. Mas você pensa que alguém que seja um escravo, que tenha sido reduzido em sua humanidade e cujo orgulho e dignidade tenham sido retirados, pode, de fato, amar a pessoa que lhe fez um mal tão profundo? Ele irá odiá-la e, se tiver oportunidade, matá-la. Ainda assim, na superfície, permanecerá leal, pois precisa ser assim. A lealdade não vem de sua alegria, mas de seu medo. Não existe por amor, mas por um condicionamento mental que lhe obriga a ser leal a seu mestre. É a mesma lealdade do cachorro em relação a seu dono.

LIBERDADE

A liberdade é maturidade. A liberdade só será possível quando você estiver tão inteiro que também possa enfrentar a responsabilidade de ser livre. O mundo não é livre porque as pessoas não são maduras. Há revolucionários que tentaram muitas coisas diferentes através dos séculos, mas tudo falhou. Há utopistas que têm continuamente pensado em como libertar os homens, mas ninguém se importa, porque os homens não poderão ser livres enquanto não estiverem inteiros. Apenas um Buda pode ser livre...

Mahavira, Cristo, Maomé, Zaratustra podem ser livres, porque liberdade significa que o homem se tornou perceptivo. Se você não estiver perceptivo, então é necessário ter um estado, um governo, uma polícia, tribunais. A liberdade precisa ser limitada em todas as partes, e, desta forma, a liberdade passa a existir somente como um nome, mas não na prática. Como é possível haver liberdade enquanto houver governos?

LÓGICA

A lógica acredita em duas categorias: o conhecido e o desconhecido. Aquilo que hoje é desconhecido se tornará conhecido no futuro. Aquilo que é conhecido hoje não era conhecido antes. Dessa forma, não há muita diferença entre o que é conhecido e o que é desconhecido: pertencem à mesma categoria. A lógica não acredita em coisas que não possam ser conhecidas – e aquilo que não pode ser conhecido é o coração da vida, é a própria pulsação do universo.

Eu não sou contra a lógica. Use-a, é uma bela estratégia no que diz respeito às coisas, ao mercado, ao mundo superficial. Mas tenha cuidado para não levá-la às camadas mais profundas da vida e da experiência. Lá, ela torna-se um obstáculo.

"Lógica" significa "mente". E a mente ajuda a entender o mundo objetivo. Mas a mente é um obstáculo para a compreensão do mundo subjetivo, porque esse mundo está além da mente, por trás da mente. Você pode usar seus olhos para ver outras pessoas, mas não pode usá-los para ver a si mesmo. Se quiser se ver com seus próprios olhos, terá que usar um espelho. Olhar em um espelho significa que você está criando um reflexo de si mesmo, que não é você, não pode ser você, mas você pode ver o reflexo mesmo assim. A lógica só pode ver o reflexo da glória da existência: não é capaz de ver a existência em si porque ela vai muito mais fundo do que as formulações lógicas.

Lótus

A flor de lótus é um dos fenômenos mais miraculosos da existência. Foi por isso que, no Oriente, ela se tornou o símbolo da transformação espiritual. Buda está sentado em um lótus, Vishnu está de pé em um lótus. Por que um lótus? Porque a flor de lótus possui um significado muito simbólico, já que cresce a partir da lama suja. É um símbolo de transformação, é uma metamorfose. A lama é suja, talvez fedorenta, mas a flor de lótus possui um perfume, e ela saiu da lama suja.

Luxo

Eu gostaria que toda a Terra vivesse em meio ao luxo. Sei, é claro, que não é isso que acontece hoje. A Terra não está sequer recebendo aquilo que é necessário para a vida. Mas não vou me torturar com isso, porque também não iria ajudar em nada.

Quando um país se torna rico, ele se torna sensível. Quando um país se torna rico, afluente, ele passa a perceber muitas outras dimensões da vida que sempre estiveram presentes, mas que ninguém ainda notara. Um país rico começa a pensar em música, pintura, poesia e, finalmente, em meditação, porque a meditação é o mais alto luxo. Não há luxo maior que a meditação.

Luxúria

Luxúria significa que o sexo é o centro: que você não possui nenhuma sensibilidade para a beleza, nenhum senso estético. Você pode imaginar um homem com senso estético indo ver uma prostituta? Impossível. E você pode imaginar um homem com senso estético estuprando uma mulher? Impossível. Isso não é amor, isso não é sensibilidade. É luxúria.

Luxúria significa que você não respeita o outro nem um pouco. Você possui um desejo profundo e reprimido, uma sexualidade reprimida que se expressa de diversas formas perversas. Então seus olhos ficam recobertos e tingidos apenas com essa sexualidade.

M

Mal

A oração do Senhor diz: "Não nos deixeis cair em tentação, mas livrai-nos do mal."

Não há mal, e portanto não é necessário ser livrado de nada. Há apenas uma coisa, que é um estado de não-consciência, não-conhecimento, não-percepção. Não chamarei a isso de "mal" – é uma situação, um desafio, uma aventura, mas não é o mal. A existência não é o mal, é uma oportunidade para crescer. É claro que as oportunidades para crescer só existirão se você sofrer milhares de tentações, se for impulsionado por aspirações desconhecidas, se houver um enorme desejo de explorar dentro de você. A única coisa que pode impedi-lo é a não-consciência, a não-percepção. Isso também é um grande desafio – conquistar sua não-consciência, sua não-percepção.

Torne-se mais consciente, torne-se mais perceptivo, mais vivo. Deixe toda a sua energia fluir. Não se reprima. Respeite a sua natureza, ame a si mesmo e não se preocupe com coisas desnecessárias. Livre das preocupações, mova-se em direção ao centro da vida, explore-o. Sim, você irá cometer muitos erros, mas e daí? Aprende-se através dos erros. Sim, você irá se enganar várias vezes, mas e daí? É apenas através da vivência dos erros que uma pessoa encontra a porta certa. Antes de bater na porta certa, é preciso bater em milhares de portas erradas. Isso faz parte do jogo.

Mandamentos

Moisés subiu a montanha. Após um longo tempo, Deus surgiu.

– Alô, Moisés. Bom te ver por aqui. Desculpe se o fiz esperar, mas acho que vai valer a pena, porque tenho algo muito especial para você hoje.

Moisés pensou um instante e então disse: – Não, Senhor,

agradeço, mas não há nada de que eu esteja realmente precisando agora – quem sabe mais tarde?"

– Mas, Moisés, é de graça – disse o Senhor.

– Bem – disse Moisés –, então me dê dez desses!

E foi assim que os judeus receberam os Dez Mandamentos.

Os Dez Mandamentos são todos baseados no medo: não faça isso, não faça aquilo. Todos os mandamentos fracassaram. E se alguém perguntar qual minha visão filosófica sobre o assunto... Não é muito fácil de explicar, porque vejo os homens como seres multidimensionais. Eu teria que sugerir dez não-mandamentos.

Primeiro: liberdade.

Segundo: o que há de único na individualidade.

Terceiro: o amor.

Quarto: a meditação.

Quinto: não-seriedade.

Sexto: diversão.

Sétimo: criatividade.

Oitavo: sensibilidade.

Nono: gratidão.

Décimo: um sentimento do que há de misterioso.

Esses dez não-mandamentos constituem minha atitude básica em relação à realidade, à liberação dos homens de todos os tipos de escravidão espiritual.

Mantras

Cantar um mantra pode apenas tornar sua mente entediada. Toda repetição entedia a mente, faz com que você fique tolo e burro. Se você ficar apenas cantando um mantra, ele irá matar sua sensibilidade, deixá-lo entediado, trará uma espécie de sonolência para sua consciência. Você ficará mais inconsciente que consciente, começará a deslizar em direção ao sono. As mães sempre souberam que, quando uma criança está irrequieta e não consegue dormir, elas devem cantar uma cantiga de ninar. Essa cantiga é um mantra. A mãe canta algo repetidamente e a criança fica entediada. A repetição constante cria uma atmosfera monótona. A criança não tem nenhuma saída: sua mãe está sentada ao lado da cama e repete sem cessar a cantiga de ninar. A criança não pode fugir, não pode dizer "Cale a boca!" para sua mãe. Então precisa ouvir. A única saída disponível é dormir, então ela tenta fazer isso para evitar essa cantiga insistente e para evitar essa mãe!

O mantra funciona da mesma forma: você começa a repetir uma determinada palavra e então cria um estado monótono para si mesmo. Toda monotonia irá amortecê-lo, entediá-lo, destruir sua vivacidade.

Isso já foi tentado de várias formas. Nos velhos mosteiros, em todo o mundo – sejam eles cristãos, hindus, budistas –, eles têm tentado esse mesmo truque em escala ampliada. A vida de um mosteiro é pura rotina, completamente rígida. Você tem que acordar sempre às três ou às cinco horas da manhã, e o mesmo círculo recomeça. Você tem que fazer a mesma atividade todos os dias, durante toda a sua vida. Criar uma rotina é o mesmo que espalhar um mantra sobre toda a sua vida.

Aos poucos, fazendo a mesma coisa repetidamente, uma pessoa se torna uma espécie de sonâmbula. Não faz mais diferença se está acordada ou dormindo, ela continua fazendo gestos vazios e movimentos vazios. Ela perde qualquer distinção entre estar acordada ou dormindo.

Você pode ir aos velhos mosteiros e observar os monges andando enquanto dormem. Tornaram-se robôs. Não há distinção entre o momento em que eles acordam pela manhã e o momento em que vão dormir, os territórios se sobrepuseram. E é exatamente igual todos os dias. Na verdade, a palavra "monótono" e a palavra "mosteiro" vêm da mesma raiz. Significam o mesmo. Você pode criar uma vida tão monótona que a inteligência não seja mais necessária. E, quando a inteligência não é necessária, você fica entorpecido e, é claro, começa a sentir uma certa paz, um silêncio... Mas não são reais, são falsos.

O verdadeiro silêncio é muito vivo, pulsante. O verdadeiro silêncio é positivo, possui energia dentro de si, é inteligente, perceptivo, cheio de vida e animação. Ele possui entusiasmo em si.

Materialismo

Nunca crie qualquer tipo de antagonismo entre o materialismo e a espiritualidade: ambos caminham juntos, assim como corpo e alma. Continue sendo materialista e use seu materialismo como um ponto de apoio para sua espiritualidade.

Essa idéia confunde as pessoas, porque elas têm pensado sempre que a pobreza é algo espiritual. Isso não tem o menor sentido. A pobreza é a coisa menos espiritual que há. Um homem pobre não pode ser espiritual. Pode tentar, mas sua espiritualidade permanecerá superficial. Se ele ainda não perdeu a ilusão da riqueza, como poderá ser espiritual? É necessária uma grande desilusão com o mundo externo. Somente então você irá mudar de fato. A mudança só vem em um determinado momento, quando você já estiver completamente desiludido com o mundo exterior – quando você já tiver visto o mundo, vivido o mundo, experimentado e descoberto que não há nada nele. O mundo é todo feito de bolhas de sabão, experiências passageiras. Prometem muito, mas não realizam nada, e, no final, apenas o vazio permanece em você.

Maturidade

Quando digo maturidade, estou falando de integridade interior. E essa integridade interior só surge quando você pára de responsabilizar os outros, quando pára de dizer que um outro é responsável pelo seu sofrimento, quando começa a perceber que é você o responsável por seu próprio sofrimento. Esse é o primeiro passo em direção à maturidade: "Eu sou o responsável. Seja o que for que esteja acontecendo, está partindo de mim."

Você se sente infeliz. É responsabilidade sua? Você irá se sentir muito desconfortável, mas se puder manter esse sentimento, mais cedo ou mais tarde você será capaz de parar de fazer muitas coisas. Isso é o que a teoria do carma diz. Você é responsável. Não diga que a sociedade é responsável, não diga que seus pais são responsáveis, não diga que as condições econômicas são responsáveis, não jogue a responsabilidade em ninguém – *você* é responsável.

No início, isso irá parecer um fardo, porque você não poderá mais jogar a responsabilidade para outras pessoas. Ainda assim, suporte esse fardo.

Meditação

A palavra "meditação" é entendida, no Oriente, como algo diferente daquilo que significa no Ocidente. No Ocidente significa "contemplação": meditar sobre Deus, sobre a verdade, sobre o amor.

Algumas vezes as pessoas perguntam: "Você nos diz para meditar, mas sobre o quê?" Se você meditar *sobre* algo, não está realmente meditando, porque você está novamente focado em algo externo a si mesmo. Pode ser o amor, pode ser a verdade, pode ser Deus, não faz diferença.

No Oriente, meditação possui um significado completamente diferente, exatamente oposto àquele no Ocidente. No Oriente significa a ausência de objetos na mente, a mente sem conteúdo. Não é meditar *sobre* alguma coisa, mas deixar tudo de lado – *neti, neti*, nem uma coisa nem outra. Meditação é esvaziar a si mesmo de todo o conteúdo. Quando não há pensamentos se movendo dentro de você, há uma quietude – essa quietude é meditação. Nem mesmo uma ondulação surge no lago de sua consciência: esse lago silencioso, completamente parado, é meditação.

E nessa meditação você irá conhecer. Irá conhecer o que é a verdade, o que é o amor, o que é o divino. Não é meditando sobre Deus... Entenda: como você pode meditar sobre Deus? Você nada sabe *sobre* Deus. Toda a sua meditação será apenas imaginação, um exercício de imaginação. Você não sabe o que é a verdade – sobre o que então você irá meditar? Sobre uma idéia que lhe foi transmitida por outros, alguma crença, um conceito? Isso não irá lhe ajudar.

Primeiro *torne-se* meditação. Então, em meditação, a verdade, o divino, o amor e tudo aquilo que é transcendental serão revelados para você.

Meditação é apenas encantar-se com sua própria presença. Meditação é um encanto com seu próprio ser. É muito simples: um estado de consciência totalmente relaxado no qual você não está fazendo nada. A partir do momento em que o "fazer" surge, você se torna tenso, e a ansiedade surge imediatamente depois. Como fazer? O que fazer? Como ter sucesso? Como não falhar? Você já se moveu para o futuro.

Meditação é apenas estar, sem fazer nada – nenhuma ação, nenhum pensamento, nenhuma emoção. Você apenas é. E nisso há um profundo prazer. De onde vem esse prazer que surge quando você não está fazendo nada? Vem de lugar algum, ou de toda parte. Não possui uma causa, porque a existência é feita disso, a que chamamos de alegria. Não precisa de causa, não precisa de razão. Se você estiver infeliz, terá uma razão para estar infeliz. Se estiver feliz, contudo, simplesmente estará feliz, sem razão alguma. Sua mente tenta encontrar uma razão porque ela não pode acreditar naquilo que não possui uma causa, não pode controlar aquilo que não tem causa. Em relação a isso, a mente simplesmente se torna impotente. Então ela continua tentando encontrar uma razão qualquer. Mas eu gostaria de dizer a você que, quando está feliz, não há motivo algum, e, quando está infeliz, com certeza possui uma razão para estar infeliz, porque a felicidade é aquilo de que você é feito. É seu próprio ser, seu núcleo mais profundo. A alegria é seu núcleo.

Meditação transcendental

A meditação transcendental e outros métodos similares ganharam importância no Ocidente pelo simples motivo de que o Ocidente está aos poucos se esquecendo da arte de cair no sono. As pessoas estão cada vez mais sofrendo de insônia. Estão se tornando dependentes de tranqüilizantes. A meditação transcendental é um tranqüilizante não-químico. Não há nada de errado se você souber que está usando a meditação como um tranqüilizante, mas, se você pensa que há algo de religioso nisso, está sendo tolo. Se pensa que isso irá levá-lo à meditação, então você é um tolo.

Isso não irá levá-lo à meditação porque meditação significa *percepção*. Mas você está indo exatamente na direção oposta à da percepção: está indo em direção ao sono. Não tenho nada contra o sono – um bom sono é perfeitamente saudável. E indico a meditação transcendental para todos os que sofrem de insônia. É uma ótima saída, mas lembre-se de que um bom sono não tem absolutamente nada de espiritual. É bom para o corpo, é bom para a mente também, mas não tem nenhuma relação com a dimensão espiritual. A dimensão espiritual se abre apenas quando você está alerta, inteiramente perceptivo. E a única maneira de estar alerta e perceptivo é deixar de lado tanto o sono quanto os sonhos.

Medo

Quando você tiver medo, fique com medo! Por que criar uma dualidade? Quando os momentos de medo vierem, seja medroso, trema de medo, permita que o medo se aposse de você.

Quando o medo vier, trema como uma folha frente ao vento forte. Isso será belo. Quando ele se for, você irá se sentir tão sereno e calmo como uma tempestade forte que passa, deixando tudo calmo e silencioso depois. Por que você deseja estar sempre lutando contra algo? O medo virá, é completamente natural. É impossível pensar em um homem sem medo, ele estaria morto.

O medo faz parte de sua inteligência, não há nada de errado com isso. O medo simplesmente nos mostra que existe a morte e que nós, seres humanos, estamos aqui por apenas alguns momentos. Esse tremor nos diz que não vamos ficar aqui para sempre, que não estamos eternamente aqui: mais alguns dias e você terá partido.

Permita que o medo exista. Há uma coisa importante que precisa ser entendida: quando você abrir espaço para o medo e tremer, observe, aproveite. Ao observar, você irá transcender seu medo, verá que o corpo está tremendo, verá uma mente que está tremendo, mas vai chegar o momento em que você perceberá que há um ponto dentro de você, um centro profundo, que permaneceu intocado. Há uma tempestade passando, mas, em algum lugar, bem no fundo, há em você um centro que permanece intocado: o centro do ciclone.

Mente

Mente é tudo aquilo que você já experimentou, tudo o que viveu, tudo que já morreu. A mente é a parte morta de seu ser. Então você continua carregando-a. Ela não permite que você esteja aqui. Ela não permite que você esteja presente. A mente é o passado, aquilo que morreu pairando sobre os vivos. É como uma nuvem a seu redor: você não pode ver através dela, sua visão não é clara, tudo está distorcido.

Deixe que essa nuvem desapareça. Permaneça sem respostas, sem conclusões, sem filosofias nem religiões. Permaneça aberto, apenas aberto. Permaneça vulnerável, e a verdade poderá chegar a você. Ser vulnerável é ser inteligente. Saber que você não sabe é ser inteligente. Saber que através da mente você se afasta da realidade é ser inteligente. Saber que através da não-mente as portas se abrem é ser inteligente. Dizendo de outra forma: a mente é a estupidez.

Mentiras

Vivemos cercados por mentiras. Falamos a respeito da verdade, mas vivemos mentindo. Na verdade, falar sobre a verdade é apenas uma camuflagem para ocultar as mentiras da vida. E estamos tão acostumados com isso, somos tão hábeis em mentir, que nem mais percebemos nossas mentiras. Continuamos participando desses jogos de forma completamente inconsciente. Não é nem mesmo proposital, tornou-se apenas um hábito.

Comece a observar quando você está mentindo e pare imediatamente! Você ficará surpreso ao descobrir que mentimos diariamente, algumas vezes com um propósito, mas freqüentemente sem qualquer motivação, sem nenhuma razão! Tornou-se apenas o nosso padrão de comportamento natural. Alguém se aproxima, e você sorri. O sorriso é uma mentira – polida e formal, mas ainda assim uma mentira. Você diz algo para alguém – pode ser apenas questão de boas maneiras, mas continua sendo uma mentira ainda assim. Lentamente, deixe de lado todas essas mentiras e você perceberá grandes transformações. Porque a energia que está envolvida nas mentiras será liberada e apenas essa energia pode tornar-se verdade.

Metafísica

Em relação à metafísica, há, no máximo, uma coisa que pode ser dita a seu favor: não pode fazer nenhum mal. Nada de bom sairá dali. Na verdade, nada sairá dali, são apenas palavras, um jogo de palavras. Nada de bom pode surgir disso. Claro, também não haverá nenhum mal. É uma atividade tão fútil que nem mesmo algo de mal pode surgir dela.

Milagres

Aqueles milagres que os cristãos acreditam que Cristo fez, e que os jainistas acreditam que aconteceram durante a vida de Mahavira, e que os budistas continuam a escrever em relação a Buda, todos são invenções. E elas foram inventadas para impedir o que o verdadeiro milagre acontecesse a você. Deixe-me repetir: todos esses milagres estúpidos foram inventados e propagados pelo mundo simplesmente para distraí-lo do verdadeiro milagre que pode acontecer a você.

Moisés dividiu o oceano... Eu estive tentando dividir a água em minha banheira e até agora não consegui nada! É completamente sem sentido. Mas crescemos ouvindo essas tolices...

Você pode acreditar em ficções e ter se esquecido de como é confiar na realidade. Veja o que está acontecendo, respeite isso, confie nisso e isso irá se aprofundar – se tornar maior, mais rico, ganhar muito mais dimensões. E não se recuse a aceitar os verdadeiros milagres quando eles acontecerem, porque, se você se recusar a aceitá-los, não estará mais disponível para eles. Então você terá se fechado.

Permaneça aberto e vulnerável a todos os ventos, à chuva e ao sol. Permaneça disponível para a existência tal como ela é. Para mim, a existência é Deus, e não há outro Deus. E a existência é, a cada momento, um milagre, mas nos tornamos cegos a isso.

Há muitos tipos de cegueiras: cristã, hindu, comunista, budista, e assim por diante. Deixe de lado todas essas cegueiras. Torne-se simples e comum.

Mistério

Essa é a mais profunda verdade: que a vida, em sua totalidade, em sua unidade orgânica, é um mistério absoluto. Não é um problema que possa ser resolvido, não é uma pergunta que possa ser respondida. Não há nenhuma quantidade de conhecimento que desmistifique a vida. Ela permanecerá misteriosa. Seu caráter de mistério não é acidental, mas algo intrínseco à vida: você não pode retirar dela o mistério, é sua própria essência.

Misticismo

O misticismo é a experiência de que a vida não é lógica, mas poesia. A vida não é um silogismo, mas uma canção. O misticismo é a declaração de que a vida nunca pode ser realmente conhecida, pois em sua própria essência ela escapa ao conhecimento.

A ciência divide a existência em duas categorias: o conhecido e o desconhecido. Aquilo que é conhecido já foi desconhecido antes. Aquilo que hoje é desconhecido também se tornará conhecido amanhã ou depois. A ciência acredita que, mais cedo ou mais tarde, chegaremos a um ponto do conhecimento em que restará apenas uma categoria – aquilo que é conhecido. Tudo se tornará conhecido porque o desconhecido está lentamente sendo reduzido ao conhecido.

O misticismo é uma declaração de que a vida consiste em três categorias: uma, aquilo que é conhecido; outra, aquilo que é desconhecido; e a terceira e mais importante, aquilo que é "incognoscível" – aquilo que nunca foi conhecido nem nunca será. Esse é o núcleo essencial de todas as coisas.

Monge

A palavra "monge" significa alguém que vive sozinho, que foge das pessoas. Mas, na verdade, são as relações que nos trazem oportunidades para crescer, é o amor que é um desafio ao crescimento, é a amizade que o ajuda a encontrar seu centro. É a vida, com todas as suas aventuras e desafios, que o ajuda a tornar-se maduro e integrado.

Os monges permanecem retardados, burros. É claro que permanecerão estúpidos: foram removidos do solo da vida. Na melhor das hipóteses, eles são plantas em uma estufa: traga-as para o mundo e irão encolher e morrer imediatamente. Eles têm muito medo das pessoas, estão continuamente tremendo, com medo do inferno, que não existe, e desejosos do paraíso, que também não existe. Entre o inferno e o paraíso, estão perdendo tudo aquilo que existe.

Moralidade

Um caráter moral significa apenas algo que os outros lhe impõem: não é uma atitude religiosa. É uma forma de dominação, uma forma de escravidão, porque você ainda não entendeu o que está certo e o que está errado. As outras pessoas simplesmente lhe ditaram isso. Você não sabe, de fato, se o que está chamando de "moral" é moral ou imoral. Uma coisa considerada moral em uma sociedade pode ser imoral em outra.

Olhe em torno de si, olhe o planeta, amplie sua visão e você ficará surpreso: há tantas moralidades diferentes. Como pode haver tantas moralidades? O certo é certo e o errado é errado! Não é possível que haja tantas moralidades. Não é possível que haja uma moralidade hindu, ou uma moralidade muçulmana, ou uma moralidade jainista, mas diversas moralidades. Isso simplesmente mostra que todas essas moralidades são invenções, criadas por diferentes sociedades para dominar os indivíduos que as constituem. É uma estratégia para aprisionar os indivíduos.

Morte

Pense em uma vida sem a morte e será uma dor insuportável, uma existência insuportável. É impossível viver sem a morte. A morte define a vida, lhe dá uma certa intensidade. Como a vida está passando continuamente, cada momento se torna precioso. Se a vida fosse eterna, quem se importaria? Todos poderiam esperar pelo amanhã para sempre, então quem viveria o aqui e agora? Mas, como no futuro há a morte, isso força você a viver o aqui e agora. Você tem que mergulhar no momento presente, tem que ir o mais fundo possível, porque ninguém sabe se o próximo momento virá ou não.

Se você for capaz de perceber esse ritmo, estará em paz com a vida e com a morte. Quando a felicidade vem, ela é bem-vinda, quando a infelicidade vem, ela também é bem-vinda, sabendo-se que são parceiras de um mesmo jogo.

Isso é algo que precisa ser continuamente lembrado. Se você fizer disso uma lembrança fundamental, sua vida terá um sabor completamente novo: o sabor da liberdade, do desapego, o sabor do desprendimento. Você permanecerá calmo, silencioso, aceitando o que der e vier.

MUDANÇAS

O sofrimento surge porque não permitimos que as mudanças aconteçam. Nos agarramos às coisas, desejamos que permaneçam estáticas. Se você ama uma mulher, deseja que ela esteja com você amanhã também, da mesma forma como está hoje. É a partir daí que o sofrimento surge. Ninguém pode estar certo do que vai acontecer no próximo momento. O que dizer então do futuro?

Um homem de percepção sabe que a vida está em constante mudança. A vida é mudança. Tudo que há de permanente na vida são as mudanças. Tudo aquilo que não for mudança mudará. Aceitar isso como a natureza de uma vida, aceitar essa existência em movimento com todas as suas estações e climas, esse fluir constante, que não pára sequer por um momento, é encontrar a felicidade.

MUNDO

Eu declaro para você que esse é o único mundo que existe, e que essa é a única a vida que há. Não comece a pensar sobre uma vida em outro lugar após a morte, para além do sétimo céu, no paraíso. Esses são apenas sonhos da mente, viagens da mente, novas formas de recair no sono.

Daí minha insistência que ninguém que esteja em busca da verdade precisa abandonar o mundo, porque abandonar o mundo é parte de um projeto, parte de um sonho de atingir um outro mundo. E porque não há nenhum outro mundo, todos os seus esforços serão em vão. Você não deve se enfurnar em um mosteiro ou partir para o Himalaia; não deve fugir daqui. Você tem que se despertar aqui, se iluminar aqui.

Música

Os primeiros músicos, os pioneiros, não estavam realmente tentando criar música. Estavam tentando encontrar uma forma de transmitir o silêncio, a beleza, a calma, a suavidade que haviam sentido durante a meditação. Eles seguiram muitos caminhos. Na verdade, todas as artes possuem sua origem na meditação, mas a música é a que mais se aproxima, porque ela não é nada além de um jogo entre sons e silêncio.

Para um músico comum, o som é importante. Para aquele que é um mestre em música é o silêncio que importa. Ele usa o som apenas para criar o silêncio. Eleva o som até a mais alta nota, depois deixa-o cair de forma tão súbita que você se vê imerso em profundo silêncio.

N

NADA

O nada pode ser apenas um vazio ou um enorme preenchimento. Pode ser negativo, pode ser positivo. Se for negativo, será como a morte, a escuridão. Muitas religiões chamaram isso de inferno. É o inferno porque não há alegria alguma, não há canções, não há uma pulsação, nenhuma dança. Nada floresce, nada se abre. É simplesmente um estado de vazio.

Esse nada vazio criou um grande medo nas pessoas. É por isso que no Ocidente, em particular, Deus nunca foi chamado de "nada" – a não ser por alguns místicos, como Dionisius, Eckhart, Boehme. Contudo, eles não são a principal corrente de pensamento do Ocidente. O Ocidente sempre concebeu o nada em termos negativos e, assim, criou um enorme medo em torno disso. E continuam a dizer para as pessoas que uma mente vazia é o laboratório do diabo.

O Oriente reconheceu também seu aspecto positivo. É uma das maiores contribuições para a consciência humana. Buda iria rir dessa afirmação de que uma mente vazia é o laboratório do Diabo. Ele diria: "Apenas no vazio, apenas no nada, o divino pode ocorrer." Mas ele estaria se referindo ao fenômeno positivo.

NÃO

"Não" lhe dá poder. "Sim" não traz poder algum. Sempre que você diz "não", pode sentir o poder. Sempre que você diz "sim", pode sentir o amor, a compaixão, mas não o poder. As palavras possuem suas próprias qualidades. Essas qualidades não podem ser encontradas nos dicionários. Mas na vida real, se você penetrar na psicologia das palavras, cada uma possui sua individualidade única. "Não" é simplesmente uma negação, é uma afirmação de poder.

Não-escolha

Um homem que possui a compreensão pura pode enfrentar todas as contradições sem fazer escolhas. Ele permanece em um estado de não-escolha, apenas silenciosamente perceptivo, sabendo que há contradições mas que elas acabarão se unindo em algum lugar. A vida se une à morte, o dia encontra a noite, o amor conhece o ódio, o sim se junta ao não. Para aquele que está além de qualquer opinião, o sim será parcial, assim como o não será parcial. Na verdade, quando ambos se unirem e se fundirem um no outro, quando o sim já não for mais um sim e um não deixar de ser um não, quando for absolutamente impossível defini-los porque o lugar onde o sim e o não se encontrem vai além da possibilidade de concepção – esta será a transcendência, isto será ir além da mente.

Não-mente

Se a mente deseja compreender a realidade, terá que sair do passado e do futuro. Mas, se ela sair do passado e do futuro, já não será mais uma mente. Daí surge a insistência de todos os grandes mestres do mundo de que a porta para a realidade é a não-mente.

Saia da mente e você irá compreender o que isso significa.

Natureza

Essa civilização falhou porque voltou-se contra a natureza. Os homens tentaram ser muito arrogantes com a natureza. Tentaram conquistá-la, o que é completamente ridículo. Nós somos parte da natureza! Como poderíamos conquistá-la? Nós *somos* a natureza e, portanto, voltar-se contra ela significa voltar-se contra nós mesmos. A idéia é tão tola e tão suicida que as gerações futuras não serão capazes de acreditar como pudemos cometer tamanho crime.

Os homens precisam reaprender a estar próximos das árvores, das florestas, das montanhas, dos oceanos. Temos que aprender novamente a cultivar nossos laços com a natureza. Só é possível viver em plenitude e alegria com a natureza, nunca contra a ela. A partir do momento em que nos voltamos contra a natureza, nossa energia amorosa se transforma em ódio. Se nos permitirmos fluir junto com a natureza em total harmonia, nosso amor crescerá e se tornará maduro, mais integrado. E o amadurecimento do amor é o maior presente que a vida pode nos dar.

NIRVANA

Nirvana possui dois sentidos. É uma das mais belas palavras e qualquer idioma pode se orgulhar dela. Possui, como eu disse, dois significados, mas ambos são como dois lados da mesma moeda. Um deles é a cessação do ego, e o outro, a cessação de todos os desejos. Ambos acontecerão ao mesmo tempo. O ego e os desejos estão intrinsecamente juntos, são inseparáveis. A partir do momento em que o ego morre, os desejos desaparecem, ou vice-versa: a partir do momento em que transcendemos os desejos, transcendemos também o ego. E viver sem desejos, sem ego, é conhecer o mais profundo êxtase, é conhecer o êxtase eterno.

NOVA ERA

O movimento Nova Era é apenas uma moda que irá desaparecer muito em breve, assim como todos os outros movimentos desapareceram. Ninguém mais vê hippies pelas ruas... É impressionante que tantos hippies tenham desaparecido subitamente. O que aconteceu com sua revolução? Era um movimento revolucionário, eles estavam rompendo com uma sociedade. Por que eles voltaram para essa sociedade? Todos esses movimentos têm uma vida muito curta. Têm belos nomes, mas não possuem uma filosofia radical que seja capaz de mudar os seres humanos.

O movimento Nova Era não traz nada de único que possa transformar os indivíduos. É uma moda, uma fase passageira, morrerá em breve. Eu não faço parte de nenhum movimento. O que estou fazendo é eterno. Tem acontecido desde que o primeiro humano surgiu na Terra, e continuará até o último dos humanos. Não é um movimento, é o próprio núcleo da evolução.

Então não me coloquem como parte do movimento Nova Era, porque não faço parte dele. Sou parte da eterna evolução da humanidade. A busca pela verdade não é nem nova, nem velha. A busca por seu próprio ser não tem qualquer relação com o tempo, é atemporal.

O

Obediência

Todo o sofrimento do mundo pode ser explicado de forma simples: todos foram recortados, moldados, reorganizados pelos outros sem que eles mesmos sequer tentassem descobrir o que supostamente deveriam ser por sua própria natureza. Eles não deram uma chance à existência.

Desde o momento em que uma criança nasce, começam a estragá-la, sempre com boas intenções, é claro. Os pais não fazem isso de forma consciente, mas eles mesmos foram condicionados assim. Depois repetem o processo com seus filhos, pois não sabem fazer de outras forma.

Uma criança desobediente é continuamente condenada. Por outro lado, uma criança obediente é sempre recompensada. Contudo, alguém já ouviu falar de alguma criança obediente mundialmente famosa em qualquer uma das dimensões da criatividade? Já ouviram falar de uma criança obediente que tenha recebido um prêmio Nobel em qualquer área: literatura, paz, ciência? As crianças obedientes se tornam parte do rebanho. Tudo que é trazido de novo à existência é ocasionado pelos que desobedecem.

Observar

O verdadeiro silêncio surge quando você começa a observar o ruído em sua mente. Há um tráfego constante na mente – pensamentos, memórias, imaginação, milhares de desejos. Há sempre uma multidão se movendo em todas as direções. Se você puder ficar à margem da estrada e apenas observar, sem nenhuma avaliação, sem julgamentos, sem condenar ou apreciar algo... Apenas sente-se na margem do rio, olhando o fluir das águas, despreocupado, desinteressado. Seja uma pura testemunha. Então o milagre acontecerá.

Não estou dizendo para você *fazer* algo. A meditação não é um "fazer", é pura percepção. Mas um milagre acontecerá, o maior milagre da vida. Se você continuar observando, coisas incríveis e espantosas irão acontecer. Seu corpo se tornará gracioso, não estará mais inquieto, tenso. Começará a se tornar leve: você poderá ver um grande peso, montanhas inteiras, se desprendendo de seu corpo. Ele começará a se purificar de todos os tipos de toxinas e venenos. Você irá perceber que sua mente não está mais ativa como antes, sua atividade se tornará cada vez menor e surgirão brechas, nas quais não haverá pensamentos. Essas brechas são experiências muito belas, porque é através delas que você começará a ver as coisas como elas são, sem qualquer interferência da mente.

Aos poucos seus humores irão desaparecer, você não estará mais muito feliz nem muito triste. A diferença entre a alegria e a tristeza começará a se reduzir. Em breve, você atingirá um momento de equilíbrio no qual não estará nem triste nem alegre. Esse é o momento no qual o êxtase surge. Essa tranqüilidade, esse silêncio e equilíbrio, isso é o êxtase.

Não haverá mais picos nem vales, não haverá noites escuras e nem enluaradas, todas essas polaridades desaparecerão. Você começará a se situar exatamente no meio. E todos esse milagres irão se tornando cada vez mais profundos, e, por fim, quando seu corpo estiver em total equilíbrio, sua mente estiver absolutamente silenciosa e seu coração não estiver mais preenchido por desejos, você dará um salto quântico e subitamente perceberá a existência do *quarto* – aquilo que você nunca percebeu antes. E isso é você, o quarto. Você pode chamar esse quarto de alma, de *self*, de Deus ou do que quiser, como você preferir. Qualquer nome servirá, porque isso não possui um nome específico.

Obsessão

Obsessão simplesmente significa que você está prestando muita atenção e gastando energia demais com algo que não é importante o suficiente. Você está focado, hipnotizado por alguma coisa fora de qualquer proporção razoável.

A obsessão é um tipo de hipnose que você criou dentro de si

mesmo. Então todo o resto desaparece de sua vida e apenas uma coisa permanece, tornando-se seu ponto focal. Sua vida passa a ser unidimensional. Isso é obsessão.

A vida precisa ser pluridimensional. Há pessoas que pensam apenas em sexo, nada além de sexo, vinte e quatro horas por dia. Esses pensamentos estão sempre ocultos no fundo de suas mentes. Podem estar fazendo algo completamente diferente, mas continuam pensando em sexo. Então isso se torna uma obsessão. Sexo em si não é uma obsessão, lembre-se: eu não sou contra o sexo. Aliás, não sou contra nada. A obsessão significa que, agora, o sexo tomou o lugar de todas as outras coisas. Há também pessoas que têm obsessão por comida e estão sempre pensando em comida... Obsessão, portanto, significa que algo tomou conta de toda a sua vida.

Nada deveria tomar conta de toda a sua vida. Cada coisa tem seu próprio lugar: a vida deveria ser como uma orquestra.

Ocultismo

O ocultismo é para os tolos. Deus não está oculto. Deus se manifesta em toda parte: cantando nos pássaros, florescendo nas flores. Ele é o verde das árvores, o vermelho das rosas. Ele é a respiração em você. Ele está falando através de mim e ouvindo através de você nesse exato momento. Mas você não quer ver o óbvio.

Os homens possuem um interesse patológico pelas coisas ocultas. Oculto é tudo aquilo que está escondido. E os homens se interessam pelo que está escondido, mas não há nada escondido! No que diz respeito a Deus, nada está escondido. Abra seus olhos, você verá que ele está à sua frente. Fique em silêncio e você ouvirá a voz calma e tranqüila dentro de si mesmo. Por que apelar para o ocultismo a fim de explorar seu espaço interior? Por que não partir diretamente para o espaço interior? O ocultismo não tem o menor sentido, e não tem fim, pois é pura invenção. É ficção religiosa. Assim como há ficção científica, há o ocultismo, que é ficção religiosa. Se você gosta de ficções, tudo bem. Mas não pense que, ao ler ficção científica, você está estudando ciência. Não acredite em ficção científica e, sobretudo, não apóie suas ações nessas crenças, do contrário você irá acabar no hospício.

O ocultismo é exatamente como a ficção científica. As pessoas amam ficções, e não há nada de errado nisso. Você deve saber, contudo, que isso é uma ficção. Aproveite, mas não leve nada a sério.

Ocupações

Todos querem se voltar para fora, ninguém quer se voltar para dentro porque, a partir do momento em que você se volta para dentro, passa a pensar em muitas coisas que estão escondidas internamente. Você as suprimiu, ninguém mais, então você sabe muito bem que a raiva está ali, o ódio está ali, o sexo está ali, a ganância está ali, a inveja está ali... Milhares de coisas estão borbulhando e fervendo e podem explodir a qualquer momento. Melhor sair, então, sem se aprofundar. Melhor fugir para algum lugar, e você certamente já tentou muitas formas de fuga.

As pessoas querem permanecer ocupadas. Se não têm nada para fazer, encontrarão algo, seja o que for. Talvez comecem a ler de novo o mesmo jornal. Da primeira vez já era um lixo, então por que ler o mesmo lixo de novo? Não há nada para fazer, e você gostaria de fazer algo porque, quando não está fazendo nada, subitamente a energia começa a se mover para dentro. Por outro lado, se ela encontra algo em que se apoiar, somente então poderá permanecer fora.

Se ficar sentado sozinho, você irá sentir-se impaciente. Desejará ir ao clube, ao teatro, ou apenas andar pelo shopping como forma de se ocupar. Pelo menos, andar, olhar as vitrines das lojas, o movimento, ou, ainda, falar coisas completamente sem sentido para as pessoas – nem você precisaria falar, nem elas querem ouvir, mas as pessoas continuam tagarelando –, qualquer coisa, contanto que haja algo a que se prender...

As pessoas ficam ocupadas sem ocupação. E podem até dizer que querem descansar, mas ninguém quer descansar de fato porque, se você realmente descansar, automaticamente isso se tornará uma meditação e você começará a se mover para dentro. Começará a se mover em direção ao seu centro interior e ficará com medo. Você se assusta. Então vai ao mercado, ao clube, torna-se membro de grupos e congregações... Há milhares de coisas idiotas em sua volta com as quais você pode gastar seu tempo.

Oração

Conheço uma única oração e ela é o silêncio absoluto. A partir do momento em que você diz algo, terá destruído essa coisa. Portanto, as orações feitas nas igrejas, templos, mesquitas e sinagogas não são verdadeiras orações, porque você está dizendo algo.

O que há para se dizer ao todo? O todo já sabe de tudo. Antes que possamos saber de algo, o todo sabe disso. É estúpido continuar a dizer coisas para Deus. É sem sentido.

Basta sentar-se em silêncio. No que diz respeito ao todo, a linguagem não possui sentido e precisa ser deixada de lado. E deixá-la de lado significa ter deixado tudo de lado – sua mente, seu conhecimento, suas escrituras, sua religião, sua igreja –, porque tudo isso pertence ao mundo da linguagem.

Orgasmo

O orgasmo sexual é a mais baixa, porém a mais fundamental experiência de meditação. É através do orgasmo sexual que as pessoas percebem a possibilidade infinita de parar o tempo completamente, de sair do tempo. Se você pode sair do tempo por um único momento, isso significa que é possível sair dele para sempre também. Para isso é preciso buscar meios e formas. E foi assim que o tantra, a ioga, o zen, o tao, o sufismo, todos esses meios foram encontrados – uma vez que o homem percebeu que a possibilidade existia, que há uma janela através da qual ele podia escapar, mesmo que isso só aconteça de vez em quando...

Então, de vez em quando, você pode ter percebido que o tempo pára, mas ele pára somente quando você está em êxtase. Quando está completamente sem mente: consciente. Mas ainda assim a mente não está lá porque você não está preocupado, não está pensando – apenas existindo.

Pode acontecer com a música, ou quando você estiver olhando um pôr-do-sol, ou então quando estiver pintando. Mas essas experiências são bem mais raras, enquanto que o sexo, por sua vez, está disponível para todos: é um presente biológico da natureza.

ORIENTAÇÃO

Todos os professores ao redor do mundo têm imposto suas próprias idéias, suas imagens, sobre as pessoas que estão buscando e procurando orientação. É um dos jogos mais perigosos, porque nele você será sempre o perdedor. Se o professor conseguir impor com sucesso alguns caminhos, alguns padrões e disciplinas, da forma como eu entendo esse processo, não será uma orientação, mas uma desorientação. Porque ninguém conhece a natureza única de seu ser – somente você pode conhecê-la. E você tem que crescer de acordo com sua natureza, e não de acordo com a orientação de outra pessoa.

Ser natural e espontâneo já é o suficiente. Todos os guias, na prática, têm criado desvios. É fácil ver isso: toda a humanidade está vivendo em enorme desorientação. Do contrário, por que haveria tanta insanidade? Por que haveria tanta miséria, tanta agonia e sofrimento espiritual? O motivo é que as pessoas não podem ser apenas elas mesmas, no que têm de natural.

Todos os "deveria" e os "não-deveria" têm que ser abandonados. Você deve ouvir apenas sua voz interior. Onde quer que ela o leve, apenas vá, e não se preocupe se as pessoas pensam que isso está certo ou errado.

Se você puder se tornar apenas você mesmo, se puder florescer em sua natureza intrínseca, então atingirá o êxtase – uma paz que não pode ser expressa em palavras, uma certa poesia em seu ser, uma certa dança em seu ser, porque você estará em sintonia com a existência. Estar em sintonia consigo mesmo é a única forma de estar em sintonia com a existência. Ninguém precisa de uma orientação pessoal, porque toda orientação pessoal é um belo nome para "ser dependente de alguém", e essa pessoa irá distorcê-lo.

Não ensino nenhuma disciplina – não digo a você que deveria ser isso ou aquilo. Digo tão-somente que você deve tornar-se silencioso, de forma que também possa ouvir sua própria voz, pequena e serena. Esse é seu verdaderido guia: o guia está dentro de você.

Otimismo

A primeira coisa a entender em relação ao pessimismo e ao otimismo é que eles não são diferentes. Parecem diferentes, mas não se deixe enganar pelas aparências. São apenas duas faces do mesmo fenômeno. Um pessimista pode tornar-se um otimista, e um otimista pode tornar-se um pessimista. Um pessimista é apenas um otimista de cabeça para baixo e vice-versa. Não são duas pessoas diferentes, não são duas dimensões diferentes. Lembre-se de que não vale a pena trocar de quartos. Saia de ambos e fique sob o céu aberto no qual não há nem pessimismo nem otimismo. Você só poderá estar à vontade quando ambos se forem, porque ambos estão errados.

Analise a situação. O pessimista está permanentemente observando o lado ruim das coisas e sempre nega o lado bom. Ele aceita apenas metade da verdade. O otimista está permanentemente negando o lado ruim das coisas e aceita apenas o lado bom. Também vê apenas metade da verdade. Nenhum dos dois aceita toda a verdade, porque toda a verdade é, simultaneamente, verão e inverno, Deus e diabo, escuridão e luz, o bem e o mal, a vida e a morte. Toda verdade é sempre as duas coisas. E ambos estão fazendo o mesmo exercício, que é negar uma das metades e aceitar a outra. A outra metade continua sendo tão "metade" quanto a primeira, não há diferença. Se o pessimista está errado, o otimista também está. Nenhum deles está pronto para aceitar a verdade como ela de fato é. Eles escolhem.

Saia dessa dualidade e fique sob o céu aberto da não-escolha. Não faça escolhas, deixe que a verdade seja o que ela é. Não tente colori-la com seus próprios sentimentos. Tente perceber aquilo que há de factual nela, deixando de fora seus sentimentos. Não veja as coisas através do filtro da esperança, não veja as coisas com o filtro da frustração. Não seja positivo nem negativo: essa é a mais alta consciência possível.

P

Pagão

O que significa ser um pagão? Não é aquilo que os cristãos continuam chamando de "pagão". O pagão é um homem natural, alguém sincero, e não um hipócrita, vivendo sua vida naturalmente, sem ser dominado pela mente. O pagão é parte da existência. Ele não está tentando ir em outra direção, está sempre se movendo, sem resistência, para onde a existência o levar.

Não há objetivo na vida de um pagão. Não há um questionamento sobre o sentido da vida para um pagão. A vida em si é tão bela que perguntar qual o sentido da vida não faz sentido.

Palavras

Milhares de pessoas foram queimadas pelos cristãos. As pessoas que falam a respeito do amor, as pessoas que falam a respeito de paz, as pessoas que pensam que Jesus veio ao mundo para trazer a mensagem do amor, da irmandade, elas têm matado mais do que qualquer outro humano. E o sangue derramado era apenas uma questão de palavras. As palavras tornaram-se muito importantes.

Isso acontece sempre com pessoas tolas: a realidade desaparece e as palavras tomam seu lugar. A palavra "Deus" se torna mais importante que a realidade de um Deus; a palavra "amor" se torna mais importante do que o fenômeno do amor em si. Então, eles podem se matar uns aos outros por conta das palavras.

É inacreditável que, durante milhares de anos, as pessoas tenham confiado tanto nas palavras, como se a palavra "fogo" fosse o fogo, como se a palavra "água" fosse água! Quando você está com sede, a palavra "água" não irá ajudar em nada.

Paradoxo

Os místicos usam a palavra paradoxo, e não contradição. Na

própria palavra "contradição" há uma condenação: algo está errado, algo precisa ser consertado. Mas um paradoxo é um fenômeno completamente diferente. Nada precisa ser consertado. Um paradoxo é um mistério, fugidio, inexplicável.

A existência é um mistério. A matemática é incapaz de compreendê-la. A mente é completamente impotente para entendê-la, porque ela só conhece um caminho. O caminho da lógica aristotélica é o da mente. E qualquer um que conheça a vida sabe que a de Aristóteles foi uma calamidade, a maior calamidade que já existiu no mundo. Ainda assim, ele é o pai da filosofia moderna, o pai da ciência moderna! Há, contudo, quem se revolte contra ele. Os místicos sempre se revoltaram, e agora é a vez dos físicos.

Paraíso

Todos estão à procura de um paraíso. Você pode dar vários nomes para ele: nirvana, iluminação, *samadhi*, o Reino de Deus, a verdade final. Você pode continuar usando vários nomes diferentes, mas ainda assim não o encontrará – não porque tenha sido expulso do Jardim do Éden, mas porque você já está no jardim, só que caiu em um profundo estado de sonho. O sonho consiste em seus desejos de alcançar algum outro lugar, alcançar os cumes mais altos.

Insisto em dizer que você já está lá. Apenas sente-se em silêncio e olhe em volta, sente-se em silêncio e olhe para dentro. Você nunca esteve em nenhum outro lugar! Aquilo que você é agora é sua única forma de ser. Aceite isso. Não apenas aceite, mas tenha prazer com isso, ame isso, e seu coração começará a se abrir, até que, subitamente, você irá descobrir que despertou no Jardim do Éden. Não se trata de chegar a algum lugar, é apenas uma questão de estar aqui.

Paraíso e inferno

O paraíso e o inferno não são locais geográficos. Se você for à procura deles, não irá encontrá-los em lugar algum. Eles estão dentro de você, são psicológicos. A mente é o paraíso, a mente é o inferno, e possui a capacidade de tornar-se qualquer um dos dois. Mas as pessoas continuam pensando que as coisas têm que estar em algum lugar lá fora. Continuamos procurando as coisas do lado de fora porque estar *dentro* é muito difícil. Então vamos para fora. Se alguém diz que há um Deus, olhamos para o céu. Sentada, em algum lugar, estará a pessoa divina.

Paraíso e inferno não existem. Ambos estão apenas em sua mente. Quando você se encontra em sintonia psíquica com a existência, quando está silencioso, você está no paraíso. Quando você está perturbado, quando perde seu silêncio, você está distraído e há diversas ondulações no lago de sua consciência. Com elas, toda a qualidade da consciência de refletir como um espelho se perde, e você está no inferno.

O inferno simplesmente significa uma falta de harmonia dentro de você – dentro de você e em relação à existência também. A partir do momento em que você se encontra em harmonia consigo mesmo, e com a existência – dois lados da mesma moeda –, imediatamente estará no paraíso. O paraíso e o inferno não são lugares geográficos.

PASSADO

A mente vive no passado porque vive imersa em conhecimento. O conhecimento significa aquilo que você já conheceu, compreendeu, aprendeu. A existência é agora, mas a mente está no passado; a existência é aqui, mas a mente está sempre naquele ponto. A mente olha para trás, como se olhasse sempre pelo espelho retrovisor. Se você está dando ré no seu carro, o retrovisor é importante; mas, se está seguindo em frente, é perigoso continuar olhando pelo retrovisor. E se você se fixar no retrovisor, é certo que sofrerá um acidente. Estará sempre em grande perigo, estará se comportando de forma suicida. A vida se move sempre em frente, ela não pode voltar atrás.

PAZ

Li um livro chamado *Peace of Mind* (Mente em paz), escrito por Joshu Liebman. Li o livro inteiro: esse homem não entende nada a respeito de paz, e tampouco entende o que seja a mente. Mas é um homem de negócios. Seu livro é um sucesso mundial porque quem quiser obter paz acabará encontrando o livro de Joshu Liebman, mais cedo ou mais tarde. O livro é bem escrito, ele certamente é um bom escritor, muito claro, convincente. Com certeza você será influenciado pelo livro. Mas sua paz mental irá continuar tão distante quanto estava antes, ou talvez até mais depois que você tiver lido esse livro.

Na verdade, se uma pessoa sabe o que é paz e o que é mente, não pode escrever um livro chamado *Mente em paz*, porque a mente é a causa de toda não-paz, de toda inquietude. Paz é o que encontramos quando não há mente! Então, "mente em paz" é algo que não existe. Se a mente estiver presente, a paz não estará. Se a paz estiver presente, então a mente não estará. Seria melhor escrever um livro com o título *A não-mente em paz*, mas ninguém iria comprá-lo. Simplesmente não fará sentido para as pessoas. Ainda assim, essa é a verdade.

PECADO ORIGINAL

O sexo foi chamado de pecado original, mas ele não é nem original nem pecado. Mesmo antes de Adão e Eva terem comido o fruto da árvore do conhecimento eles faziam sexo, e todos os outros animais do Jardim do Éden também. A única coisa que mudou depois que comeram a fruta do conhecimento foi a percepção, a consciência. Eles se tornaram conscientes do sexo e, ao se tornarem conscientes, ficaram com vergonha.

Os cristãos dizem que, como Adão e Eva cometeram o pecado original, toda a humanidade está sofrendo. Isso é tão absurdamente tolo! Os cientistas dizem que a humanidade existe há milhões de anos. Então, milhões de anos atrás, um casal, Adão e Eva, cometeu um pecado, e nós estamos sofrendo por conta disso. Você consegue pensar em algo mais ridículo? Ou seja, você está preso porque, milhões de anos atrás, alguém cometeu um crime. Se você não cometeu o crime, como pode estar sofrendo por isso? E que pecado original é esse do qual estão falando? Não é nem original, nem é pecado.

PENSAMENTO POSITIVO

A filosofia do pensamento positivo significa ser desonesto. Significa ver uma determinada coisa e, ainda assim, negar o que você viu. Significa enganar a si mesmo e aos outros. O pensamento positivo foi a única filosofia idiota que a América acrescentou ao pensamento humano – nada além disso. Dale Carnegie, Napoleon Hill e o pastor Norman Vincent Peale, todas essas pessoas, têm enchido as mentes com essa idéia absolutamente absurda de uma filosofia positiva. Ela seduz especialmente as mentes medíocres.

Pensar

Você já observou o que acontece sempre que você pensa? Sempre que você pensa, você está fechado. Tudo que está no presente é abandonado. Você se move num caminho de sonhos em sua mente. Uma palavra chama a outra, um pensamento gera outro, e você continua se movendo. Quanto mais se move em pensamentos, mais longe você fica da existência. Pensar é uma forma de se afastar. É um caminho de sonhos, é sonhar em conceitos. Volte à terra. Mantenha seus pés no chão, fique conectado à terra, seja substancial. Retorne à existência.

Os problemas da vida só podem ser resolvidos quando você estiver firmemente enraizado na existência. Ao flutuar em pensamentos, você se afasta das raízes e, quanto mais distante estiver, menor será a possibilidade de resolver qualquer coisa. Em vez disso, você irá confundir tudo, e as coisas ficarão ainda mais emaranhadas. Quanto maior o emaranhado, mais você irá pensar e mais distante estará. Tenha cuidado ao pensar!

Perfeição

Não sou um perfeccionista porque, para mim, o perfeccionismo é a causa básica de todas as neuroses. A menos que a humanidade se livre da idéia de perfeição, ela jamais atingirá a sanidade. A própria idéia de perfeição tem levado toda a humanidade a um estado de loucura. Pensar em termos de perfeição significa que você está pensando em termos de ideologia, metas, valores, "deve", "não-deve". Você terá um determinado padrão a ser atingido e se não estiver de acordo com esse padrão irá sentir-se imensamente culpado, um pecador. E o padrão acabará sendo tão alto que não poderá atingi-lo. Se você puder atingi-lo, então não terá muito valor para o ego.

Portanto, a qualidade intrínseca do ideal perfeccionista é que este ideal deve ser inatingível, e somente então vale a pena buscá-lo. Você pode notar a contradição? E essa contradição cria uma esquizofrenia: você está tentando fazer o impossível, algo que sabe perfeitamente bem que não irá acontecer, que faz parte da própria natureza das coisas que isso não possa acontecer.

Sobram apenas duas alternativas: uma é que você comece a sentir-se culpado. Se você for inocente, simples, inteligente, irá começar a sentir-se culpado, e a culpa é um estado doentio.

A outra alternativa é: se você for astucioso, dissimulado, então irá se tornar um hipócrita, pois começará a fazer de conta que atingiu esse estado. Você irá enganar os outros e tentará enganar a si mesmo. Começará a viver uma vida de ilusões, alucinações.

Perigo

Em situações de risco, a mente pára automaticamente. Por quê? Porque a mente é um mecanismo e só pode lidar com coisas rotineiras, para as quais foi treinada.

Você não pode treinar sua mente para acidentes, do contrário não seriam chamados "acidentes". Se você estiver pronto, se fez muitos ensaios, então não serão acidentes. "Acidente" significa que a mente não está pronta para nada. É um evento súbito, vindo do nada, por isso ela não é capaz de reagir. Ela não está pronta, não foi treinada para isso. Ela irá travar, a menos que você comece alguma outra coisa, a menos que comece a fazer algo para o qual foi treinado...

É por isso que as coisas perigosas possuem um fascínio secreto e intrínseco: são momentos de meditação. Se você estiver correndo em seu carro e passa dos 150 ou 180 km/h, chegará um momento em que, se algo imprevisto acontecer, você não poderá fazer nada. A essa velocidade, o carro estará realmente além de sua capacidade de controle, quase fora de controle. Logo, a mente não poderá funcionar, ela não está pronta para isso. É isso que nos excita na velocidade: há um silêncio que se instala, você é jogado no centro.

Personalidade

A personalidade, como tal, é falsa. É preciso entender o sentido da palavra "personalidade". Ela vem de *persona*, que significa "máscara". Nas antigas tragédias gregas os atores usavam máscaras, que eram chamadas de *persona*, porque o som vinha de trás da máscara. *Sona* significa "som". A audiência via as máscaras e o som saía de trás delas.

Toda personalidade é falsa. Seja uma boa ou uma ruim, a de um pecador ou a de um santo, todas são falsas. Você pode usar uma bela máscara ou uma máscara horrenda, não faz diferença alguma.

A iluminação é abandonar a personalidade.

Pobreza

Durante toda a história humana, a pobreza foi louvada e fizeram dela um sinônimo da espiritualidade, o que é absolutamente sem sentido.

Você pode viver na pobreza absoluta, mas a pobreza não irá ajudá-lo a tornar-se iluminado. Na pobreza ou na riqueza, no casebre de um homem pobre ou em um palácio, o que importa é seu estado de meditação, sua percepção. Onde quer que isso aconteça, você irá se tornar iluminado. Você não precisa renunciar a nada.

Todas as religiões têm servido aos pobres durante milhares de anos, e a pobreza continua crescendo. Isso é um verdadeiro serviço? Se fosse, ao longo de milhares de anos a pobreza já deveria ter desaparecido. Na verdade, estão alimentando a pobreza.

Um verdadeiro serviço seria dizer aos pobres: "Vocês estão sendo explorados e devem se revoltar contra as injustiças."

Pomo-de-adão

Esse nó na garganta é chamado de "pomo-de-adão" porque Adão comeu a maçã (o pomo) mas não pôde engoli-la. A maçã ficou presa em sua garganta, pois ele estava dividido: em parte desejava comer e explorar, mas em parte tinha medo. Entrou em conflito interno.

Nunca mais crie um "pomo-de-adão"! Faça as coisas de forma plena, para que você possa engoli-las e digeri-las bem.

Por quê?

"Por quê?" não é uma boa pergunta para se fazer. As coisas simplesmente são, sem ter um porquê. A pergunta "por quê?", uma vez que tenha sido aceita, irá levá-lo cada vez mais fundo na filosofia, e a filosofia é um enorme deserto. Você não irá encontrar nenhum oásis por lá. Faça a pergunta "por quê?" e você terá começado a se mover na direção errada, nunca irá voltar para casa.

A existência apenas é, não há um porquê em anexo. É isso que está sendo dito quando falamos que ela é um mistério, porque não há motivos, não há razões. Na verdade, ela simplesmente não deveria estar aí, mas no entanto está. Parece não haver nenhuma necessidade para que esteja aí, nenhuma razão, e ainda assim está aí. "Por quê?" é uma pergunta da mente.

A pergunta vem da mente, as respostas virão da mente, e ela é capaz de transformar cada resposta em uma nova pergunta. Você estará se movendo em um círculo vicioso. Fazer a pergunta "Por quê?" significa cair na armadilha da mente.

Postura de lótus

Buda se tornou um iluminado: ele estava sentado em uma postura particular, a postura da flor de lótus. Você também pode sentar-se na postura de lótus. Se você for um oriental, isso é bem simples. Mas, se for um ocidental, terá que praticar durante cerca de seis meses, e então você poderá sentar-se na postura de lótus. Mas isso não fará de você um Buda. Você pode imitá-lo facilmente; é por isso que há imitadores em todo o mundo. Vá ver um monge jainista: ele imitará a postura perfeitamente, mas não há nada além disso ali.

A iluminação é sempre nova, nunca é uma imitação, nunca é uma cópia carbono. É sempre original.

Preguiça

Se todo mundo se tornar preguiçoso, teremos um mundo tão belo, sem guerras, sem armas atômicas, sem crimes, sem cadeias, sem juízes, sem policiais, sem presidentes, sem primeiros-ministros. As pessoas serão tão preguiçosas que não precisarão de todas essas coisas sem sentido. Pense nisso: você já viu alguma pessoa preguiçosa nesse mundo fazer algo de errado? Ainda assim, aqueles que são preguiçosos são condenados.

Os preguiçosos nunca fizeram mal aos outros, eles simplesmente não podem fazê-lo. Não se dariam ao trabalho. São as pessoas ativas que constituem o verdadeiro problema.

Preocupação

Preocupações e ansiedades continuam dissipando nossa energia. E precisamos de uma energia transbordante para compartilharmos do divino. As preocupações são vazamentos, buracos pelos quais a energia está continuamente se dissipando.

Pare de se preocupar. Não há nada com que se preocupar, tudo já foi resolvido. Viva com essa confiança. A existência ama você. Nenhum mal irá lhe acontecer, nenhum mal jamais pode acontecer. Como o todo poderia ferir uma de suas próprias partes? Isso é impossível. E, se algumas vezes você sentir que algo ruim está acontecendo, pode ser que haja um erro de interpretação de sua parte. Deve haver alguma bênção escondida ali.

Uma vez que essa confiança surja em uma pessoa, não há necessidade de se preocupar, de permanecer em um estado de ansiedade. A ansiedade significa "Não há ninguém para cuidar de mim. Tenho que carregar todo o peso em meus próprios ombros. Se eu não carregar esse peso, estou acabado, e toda a existência é hostil". É isso que cria a ansiedade: "Todos estão contra mim. De alguma forma, todos estão conspirando contra mim, todos me perseguem. Tenho que me proteger, ser cuidadoso e planejar, me mover de tal forma que eu, e não os outros, seja o vencedor. Todos são competidores e estão decididos a me vencer."

Essa atitude gera ansiedade, é uma atitude de uma pessoa não-religiosa. Quando digo "pessoa não-religiosa", não estou me referindo a alguém que não vai à igreja, que não lê a Bíblia – não é essa a questão. A pessoa pode ler a Bíblia, pode ir à igreja, mas, se estiver ansiosa o tempo todo, não é uma pessoa religiosa. É possível que ela vá à igreja apenas por causa de sua ansiedade. Por conta dessa ansiedade, ela reza para Deus e, pelo mesmo motivo, lê a Bíblia, buscando proteção e segurança. Mas, se a ansiedade estiver presente, uma pessoa não é religiosa. Ela tem uma atitude patológica e sua religião será igualmente patológica.

Uma pessoa verdadeiramente religiosa nunca se sente ansiosa, ela muda toda a sua forma de compreender as coisas. Sabe que é parte de toda a existência, e se árvores não estão preocupadas, se os pássaros não estão enlouquecidos, se os animais estão profundamente felizes, por que ela não deveria fazer o mesmo? "Eu pertenço a essa existência, sou uma parte essencial dela." Essa confiança, essa compreensão, essa fé fazem com que qualquer ansiedade desapareça. Você parou de gerar ansiedade, parou de disseminar ansiedade. Então há tanta energia sendo preservada que começa a transbordar numa espécie de festividade, torna-se uma dança. É tão abundante, tão exuberante, que a vida se torna um festival. Nesse momento podemos dizer que uma pessoa é religiosa, que ela está embriagada com o divino.

PROFESSOR

O professor é alguém que ensina um conhecimento "emprestado" de outros. Ele não sabe nada, não foi capaz de vivenciar nada – nada aconteceu diretamente com ele –, mas ele ouviu falar a respeito, leu a respeito. Possui habilidade em transmitir as coisas verbal e intelectualmente. É capaz de se comunicar bem.

O professor perfeito é alguém que sabe uma coisa – que ele *não sabe*. O professor comum tende a se esquecer disso. Começa a acreditar naquilo que está ensinando aos outros. Não apenas ilude os outros, mas também se torna um iludido. Começa a viver em um profundo sono de auto-hipnose. Primeiro ele convence os outros. Ao perceber que conseguiu isso, ele mesmo se convence do que está ensinando.

PROPAGANDA

Aqueles que estão no ramo da propaganda acreditam na ciência da repetição: basta repetir continuamente que determinada marca de cigarros é a melhor. Na primeira vez em que você ouvir isso, talvez não acredite. Mas haverá uma próxima vez e depois outra, repetidamente... Durante quanto tempo você será capaz de não acreditar? Aos poucos surgirá uma crença. E você irá acreditar de tal forma que talvez nem mesmo tenha consciência disso. A idéia entrará em você de forma subliminar, algo que se encontra logo abaixo de sua consciência. Uma dia, subitamente, quando for comprar cigarros e lhe perguntarem a marca, você dirá o nome daquela marca. A repetição funcionou, você foi hipnotizado.

É assim que as religiões têm funcionado no mundo, e é assim que todos os políticos atuam. Fazendo propaganda, repetindo continuamente algo para o público, sem se importar com o que eles mesmos acreditam. A verdade em si não é um problema para eles. Hitler dizia que há apenas uma diferença entre uma verdade e uma mentira: a verdade é uma mentira que foi repetida muitas vezes. E os homens podem acreditar em qualquer mentira, pois sua ingenuidade é infinita. Os homens são capazes de acreditar no inferno, no paraíso, nos anjos, em demônios – os homens podem acreditar em qualquer coisa! Basta que seja repetida continuamente.

Psicologia

A psicologia não tem nada de extraordinário. Não traz transformação alguma para sua vida porque não pode lhe trazer nenhuma transcendência. No máximo irá ajudá-lo a tornar-se um pouco mais ajustado a si mesmo e ao mundo que o cerca, à sociedade, às pessoas com as quais você vive.

A psicologia é basicamente ortodoxa. Não é revolucionária, não pode ser. Serve ao status quo, serve ao sistema. Mantém você sob controle, dentro dos limites, mas não o ajuda a ultrapassar esses limites. Não trabalha a seu favor. É controlada por aqueles que estão no poder: pelo Estado, pela Igreja, pela sociedade. De forma muito bem disfarçada, mantém você acorrentado à mente coletiva.

Q

QUIROMANCIA

A quiromancia, a astrologia, todas essas coisas são apenas uma exploração da angústia dos homens. Ao se sentirem angustiados, desejam, de qualquer forma, que alguém lhes diga quem eles próprios são, quem serão, qual será o seu futuro.

É por conta dessa angústia que todas essas ciências surgiram e se ampliaram. Elas têm explorado os homens por milhares de anos porque, mais cedo ou mais tarde, eles se preocupam com o sentido da vida: "O que estou fazendo aqui? Há um sentido ou não há? A vida me leva para algum lugar ou estou me movendo em círculos? E se ela estiver me levando para algum lugar, estou indo na direção certa ou errada?"

R

Raiva

A raiva é apenas um vômito mental. Algo que você ingeriu está errado, e todo o seu ser psíquico quer colocar para fora. Mas não é preciso jogar sua raiva sobre outra pessoa. É porque as pessoas jogam sua raiva em outras que a sociedade lhes diz para se controlarem.

Não jogue sua raiva em ninguém. Você pode tomar um banho, fazer uma longa caminhada... Tudo que a raiva significa é que você precisa de uma atividade intensa para que ela seja liberada. Corra um pouco e você irá sentir que a raiva se esvai, ou pegue um travesseiro e bata nele, lute com ele, morda o travesseiro até que suas mãos e dentes estejam relaxados. Após cinco minutos de catarse, você irá sentir-se livre do peso e, quando descobrir isso, nunca mais irá jogar sua raiva em ninguém, porque isso é uma tolice completa.

Para iniciar uma transformação é necessário, antes de tudo, expressar a raiva. Mas não jogue a raiva em alguém porque, nesse caso, você não terá como expressá-la totalmente. Poderá querer matar ou morder alguém, mas isso não é possível. Tudo isso, contudo, pode ser feito com um travesseiro. Um travesseiro é iluminado, é um buda! O travesseiro não irá reagir, não irá processar você. Não se tornará seu inimigo, não fará absolutamente nada. O travesseiro ficará feliz, rirá de você.

Raízes

Ao pensar em crescimento, basta observar uma árvore. Conforme ela cresce, suas raízes estão crescendo para baixo, cada vez mais fundo. Há um equilíbrio aí: quanto mais alta a árvore, mais profundas as raízes. Você não pode ter uma árvore de cinqüenta metros de altura com raízes pequenas, pois elas não seriam capazes de suportar uma árvore tão grande.

Na vida, crescer significa ir bem no fundo de si mesmo, pois é lá que suas raízes estão.

Rebeldia

Uma pessoa inteligente é rebelde. A inteligência é rebeldia. Uma pessoa inteligente decide por sua própria conta se irá dizer não ou sim. Não pode seguir as tradições, não pode continuar venerando o passado. Não há nada a venerar no passado. Uma pessoa inteligente deseja criar um futuro, deseja viver no presente. Sua vida no presente é sua forma de criar o futuro.

Uma pessoa inteligente não se prende ao passado morto, não carrega cadáveres. Não importa quão belos eles sejam, quão preciosos sejam, ela não carrega cadáveres. Para ela, o passado terminou, ele se foi para sempre.

Esse é o grande segredo da iluminação: ela acontece em estado de relaxamento, em um profundo estado de repouso.

Recordar

Pense sobre a palavra "recordar". Significa literalmente "trazer de volta ao coração", aproximar-se novamente da família, que é a existência. Significa que nós subitamente reaprendemos uma linguagem que havíamos esquecido. É como esquecer um nome: você vê alguém na rua, o reconhece, sente que sabe quem é aquela pessoa, mas não pode lembrar-se de seu nome. Você se esqueceu, mas ainda se lembra de que já conheceu aquela pessoa. Você diz: "O nome dela está na ponta da língua." Mas, se está na ponta de sua língua, então por que não sai? Você tem certeza absoluta, o nome está na ponta de sua língua. E então você se esforça para lembrar, e quanto maior o esforço, mais difícil se torna, porque sempre que tenta fazer algo com muito esforço você fica tenso, se fecha. Sua consciência se torna cada vez mais focada, reduzida. E fica cada vez mais difícil, em meio a essa tensão, a essa ansiedade, lembrar-se de algo.

Então você acaba deixando de lado a idéia, pensando que é algo impossível. Você se esquece completamente disso. Vai ouvir música, se sentar sob uma árvore no jardim, começar a fazer outra coisa, tomar um chá ou falar com um amigo... É nessa hora que, subitamente, vindo do nada, o nome esquecido aparece.

Reflexão

Reflexão nada mais é que uma bela palavra para pensar. Um cego pode ficar pensando sobre a luz, ele pode chegar a certas conclusões também, mas essas conclusões não podem estar certas. Por mais que pareçam certas, estão condenadas a ser falsas.

A Lua no céu é uma coisa e a Lua refletida no lago silencioso é outra, completamente diferente. Uma existe, a outra é apenas um reflexo. Se você mergulhar no lago silencioso, não será capaz de abraçar a Lua. Pelo contrário, irá perturbar o reflexo porque a superfície do lago ficará ondulada.

Quanto mais você pensa, mais está criando ondas e perturbações na mente. O caminho para os cegos não é pensar sobre a luz, mas curar seus olhos, assim como para um surdo não se trata de refletir sobre a música, mas, através de alguma alquimia, passar a ouvir.

Relaxamento

Muitas pessoas gostariam de relaxar, mas não podem. Relaxamento é como um florescimento: não pode ser forçado. Você tem que compreender todo o fenômeno: por que você está tão ativo, por que está envolvido em tantas atividades, por que está obcecado com isso.

O relaxamento significa que esse momento é mais do que suficiente, mais do que pode ser pedido e esperado. Nada mais a pedir, pois já há mais do que o necessário, mais do que você pode desejar – então a energia não está em movimento. Ela se torna a superfície calma de um lago. Em sua própria energia, você se dissolve.

Esse momento é o relaxamento. O relaxamento não é nem do corpo nem da mente, é do todo. É por isso que os budas continuam dizendo "Livre-se de seus desejos", porque sabem que, se houver desejo, você não poderá relaxar. Eles dizem: "Enterre os mortos", porque, se você se preocupar muito com o passado, não poderá relaxar. Eles dizem ainda: "Aproveite esse exato momento."

Jesus disse: "Olhai os lírios do campo: eles não trabalham e nem fiam; no entanto são mais belos, em seu esplendor, do que Salomão em sua glória. Eles estão envoltos em um aroma mais perfumado do que o rei Salomão jamais esteve. Olhai os lírios!" Ele estava dizendo: "Relaxe! Você não precisa lutar pelas coisas, elas se resolverão sozinhas."

Jesus disse: "Se ele cuida dos pássaros no ar, dos animais, das árvores e das plantas, então por que você está preocupado? Não acha que ele também irá cuidar de você?" Isto é relaxamento. Por que você está tão preocupado com o futuro? Olhe os lírios, torne-se igual aos lírios e então relaxe.

O relaxamento não é uma postura. É uma transformação total de sua energia.

Religião

Religião é uma bela palavra. Sua raiz, *religare*, significa "ligar novamente", "reunir". Reunir-se a quem? A si mesmo, à fonte de seu ser. E por que reunir-se? Como você já está unido à fonte, então é uma reunião. Não significa que você está buscando a fonte pela primeira vez. Do contrário, de onde você teria vindo? Você veio da fonte. Lá no fundo, você ainda está na fonte. Mas está na periferia, como se os galhos tivessem se esquecido das raízes. Mas não foram quebrados e separados das raízes, senão não poderiam viver. Eles apenas esqueceram. Em seu ego, da altura em que estão, com a Lua, em seu romance, eles se esqueceram totalmente que têm raízes sob a terra, raízes que os nutrem, que os sustentam e sem as quais não poderiam existir por um momento sequer.

E todo esse verde, essas flores, os frutos irão simplesmente desaparecer, como se fossem sonhos, caso sejam separados da raiz. É assim que acontece com os homens. Você se move como um galho, cada vez mais longe das raízes. Você floresce. Você está encantado. O mundo é belo ao seu redor. Você se esqueceu completamente das raízes, mas não as perdeu. O esquecimento é apenas isso: esquecimento.

Esse é o sentido de religião: reunir-se, recordar. A palavra "recordar" também é bela. Significa "trazer de volta ao coração", tornar-se parte da fonte novamente, ir até a fonte e aproximá-la de seu coração.

A religião é essa reunião com sua própria fonte. A religião é recordar-se, tornar-se novamente parte da unidade orgânica que você é. Não tem nenhuma relação com os outros. O ego está sempre preocupado com os outros, de uma forma ou de outra. Quando você fica completamente consciente de si mesmo, o ego se esvai. Ele não tem por que continuar existindo.

A religião não diz respeito aos outros. É sobre você, está completamente relacionada a você. Religião é algo pessoal, e não social. É quando você se encontra tão sozinho que não há ninguém mais a ser encontrado. Dessa solidão total e pura nasce o êxtase supremo.

Renascimento

A partir do momento em que você desperta, atinge a iluminação, tudo se torna um mistério. Subitamente todo o conhecimento se evapora como orvalho no sol da manhã. Pela primeira vez seu olhos ficam cheios de admiração, como os de uma criança. É um segundo nascimento. Na Índia, chamamos uma pessoa que descobre o mistério da existência de *dwij* – "aquele que nasceu duas vezes".

Jesus disse a Nicodemos: "A menos que você nasça novamente, não irá entrar no Reino de Deus." Ele também disse: "A menos que você seja como uma criança, não irá entrar no Reino de Deus." Jesus está dizendo que um renascimento é necessário.

Renúncia

Fico pensando por que pessoas como o Buda Gautama, Mahavira e outros insistiram tanto que a qualidade do mundo externo é exatamente como o arco-íris, como os sonhos, e ainda assim renunciaram a ele! Há duas coisas contraditórias, e apenas uma delas pode estar certa. Se eles entendem especificamente que o mundo é apenas um sonho, então não faz sentido renunciar a ele. Por acaso você renuncia a seus sonhos toda manhã? Você sabe que foram sonhos, já terminou!

Por um lado, eles dizem que todo esse mundo é exatamente como os sonhos, mas, por outro, renunciam a ele e passam por muitas austeridades para tal. Certamente algo está errado. Ou então eles próprios não entendem o que estão dizendo, que o mundo é exatamente como um arco-íris... E daí? Aproveite o arco-íris!

Você não precisa fugir de um arco-íris. Ele é belo durante alguns momentos – por que desejar e esperar que seja algo permanente? O que está errado no fato de ele ser temporário? Apenas desfrute! Quando chover, dance na chuva.

Repressão

Repressão significa viver uma vida que não é o seu destino. Repressão é fazer coisas que você nunca quis fazer. Repressão é ser uma pessoa que você não é. É uma forma de se autodestruir. Repressão é suicídio, um suicídio lento, é claro, mas certamente um lento envenenamento.

Expressão é a vida, repressão é suicídio. Não viva uma vida reprimida, do contrário você não viverá. Viva uma vida de expressão, criatividade, alegria. Viva da forma como a existência desejou que você vivesse: da forma natural. Ouça seus instintos, ouça seu corpo, seu coração, sua inteligência. Dependa apenas de si mesmo, vá aonde quer que sua espontaneidade o leve, assim você nunca estará perdido. E, seguindo espontaneamente sua vida natural, um dia você acabará chegando às portas do divino.

Respirar

A respiração deve ser observada atentamente porque é uma das coisas mais importantes. Se você não estiver respirando por inteiro, não poderá viver por inteiro.

Nesse caso, quase sempre, em quase tudo, você estará prendendo algo, mesmo ao amar. Mesmo ao falar você estará prendendo algo. Não irá se comunicar por inteiro: algo sempre permanecerá incompleto.

Quando a respiração é perfeita, todo o resto se equilibra. A respiração é a vida. Mas as pessoas ignoram esse fato, não se preocupam nem um pouco com isso, não prestam atenção. Ainda assim, qualquer mudança que vier a ocorrer será através de mudanças em sua respiração.

Se você tiver respirado de forma incorreta por muitos anos, uma respiração pouco profunda, então sua musculatura estará presa.

Nesse caso, não será apenas uma questão de vontade, será como alguém que não tivesse se movido por muitos anos: as pernas estarão flácidas, os músculos terão se retraído, o sangue não terá fluído. Subitamente essa pessoa decide sair para um longo passeio, para olhar um belo pôr-do-sol. Mas ela não conseguirá se mover. Não basta pensar nisso: nada irá acontecer. Em uma situação como essa, será preciso muito esforço para revitalizar o corpo, enrijecer as pernas.

As vias respiratórias possuem uma determinada musculatura em torno de si e, se você estiver respirando de forma incorreta – o que é um fato para quase todas as pessoas no Ocidente –, essa musculatura terá se contraído, se fixado. Levaria muitos anos para mudar essa situação por sua própria vontade, seus próprios esforços, e seria uma perda de tempo desnecessária. Através de uma massagem profunda, em particular através da técnica de Rolfing, esses músculos poderão relaxar e assim você estará pronto para começar de novo. Mas, após as sessões de Rolfing, quando você começar a respirar corretamente, não caia de novo nos velhos vícios.

Todos respiram errado porque a sociedade, como um todo, é baseada em condições, noções e atitudes incorretas. Por exemplo, uma criança pequena está chorando, mas sua mãe diz que não chore. O que a criança faz quando sua mãe lhe diz para não chorar? Começará a segurar sua respiração, porque essa é a única forma de parar de chorar. Se você segurar sua respiração, tudo pára – o choro, as lágrimas, tudo. Então, aos poucos, as coisas vão se fixando: não fique com raiva, não chore, não faça isso, não faça aquilo...

A criança aprenderá que, se ela respirar superficialmente, permanecerá no controle. No entanto, se respirar perfeita e totalmente, como toda criança respira ao nascer, ela se tornará selvagem. Então ela se tolhe, se reprime.

Responsabilidade

Responsabilidade significa ser capaz de responder. Não é um dever. Veja o significado da raiz dessa palavra: significa "estar pronto para responder". O amor é uma resposta. Quando o outro chama, você está pronto. Quando você é convidado, penetra no outro. Quando o outro não está convidando, você não interfere, não invade. Quando o outro canta, você canta em resposta. Quando o outro lhe dá a mão, você a toma com uma resposta profunda. Responsabilidade significa a abertura e a capacidade de responder.

Resposta

O que é resposta? Uma resposta é algo não-programado. É viver o momento. Você olha uma flor – você *realmente* olha a flor, sem nenhuma idéia recobrindo seus olhos. Você olha para essa flor, aquilo que a torna essa, e não *outra*, deixando de lado todo o seu conhecimento.

Seu coração responde. Sua mente reage. Responsabilidade vem do coração. Você talvez não diga nada, pois, na verdade, não é necessário dizer "Isso é belo". A resposta vem do coração. A resposta é um sentimento, não um pensamento. Você está arrebatado, emocionado: olhando para uma rosa, algo começa a dançar dentro de você, algo é instigado no mais profundo núcleo de seu ser. Algo começa a se abrir dentro de você. A flor exterior provoca a flor interior, e a flor interior responde.

E se você não estiver envolto em trivialidades, terá energia suficiente, uma energia abundante, para que essa dança aconteça dentro de seu coração. Quando a energia fica dissipada em pensamentos, seus sentimentos sentem um vazio. Os pensamentos são parasitas: vivem da energia que, na verdade, era destinada aos sentimentos, eles a exploram. Eles são como vazamentos em seu ser, sugam sua energia. Então você fica como um vaso cheio de furos: nada consegue permanecer dentro de você, e você permanece pobre.

Quando não há pensamentos, sua energia fica contida dentro de você, e o nível de energia começa a subir cada vez mais alto. Você atinge um tipo de preenchimento. Nesse preenchimento o coração responde.

Retiro

A pessoa solitária está em um espaço negativo. Está se sentindo sozinha, desejando um outro. Ela se encontra muito triste por não saber como estar consigo mesma, como se divertir sozinha; ela não sabe como celebrar sua existência. Tudo que ela sabe é ter um relacionamento, então sempre que está em um relacionamento ela se sente feliz. Sempre que está com alguém pode se esquecer de si mesma. Estar com alguém funciona como o álcool, como uma droga. Isso significa afundar suas preocupações, ansiedades e sua própria existência no outro. E o outro, por sua vez, faz o mesmo. É isso que as pessoas chamam de relacionamento. Cada um usa o outro como uma forma de evitar a si mesmo.

O retiro é completamente diferente. Não é solidão, é um estar só. Não é algo negativo, é completamente positivo. Não é a experiência de que o outro está ausente, mas a experiência de que "Eu estou presente". É uma experiência tão avassaladora da presença do próprio eu que todo o resto desaparece da mente e surge um sentimento de êxtase. A pura alegria de respirar, a pura alegria de ser, a pura alegria de participar da existência, é o bastante. É uma maravilha ser, a mais maravilhosa das maravilhas.

Quando o retiro se torna um templo, o êxtase se torna a divindade que o ocupa. A meditação é isso: a arte de transformar a solidão em retiro, a alquimia de mudar a falta em completude.

Reverenciar a vida

Não tenho uma filosofia de não-violência, mas sigo um estilo de vida que você pode chamar de reverência pela vida. É uma perspectiva completamente diferente. A não-violência diz apenas para não matar os outros. Você pensa que isso basta? É apenas uma declaração negativa: não mate os outros, não faça mal aos outros. Isso basta? Reverenciar a vida diz que é preciso dividir, compartilhar sua alegria, seu amor, sua paz, seu êxtase. Aquilo que você pode compartilhar, compartilhe. Se você reverencia a vida, então isso se torna uma veneração. Logo, observar uma árvore se torna veneração. Dar comida para um hóspede se torna veneração.

Se pudermos criar uma situação, um tipo de educação, que faça com que as pessoas compreendam seu ser interior, elas irão aprender uma grande compaixão, um amor por todos os seres. Terão uma enorme reverência pela vida.

Revolução

Uma revolução só é possível na alma de cada indivíduo. A revolução social é um falso fenômeno, porque a sociedade não possui alma própria. A revolução é um fenômeno espiritual. Não pode haver revoluções políticas, sociais, nem econômicas. A única revolução é a do espírito, e ela é individual. E se milhões de indivíduos mudarem, então a sociedade irá mudar em conseqüência disso, mas não o contrário. Você não pode mudar uma sociedade primeiro e esperar que os indivíduos mudem depois.

É por isso que as revoluções têm falhado, porque temos pensado nelas a partir de um ponto de vista muito incorreto. Temos pensado que, se você mudar a sociedade, mudar a estrutura econômica ou política, um dia os indivíduos, os elementos constituintes dessa sociedade, também mudarão. Isso é estúpido. Quem vai fazer essa revolução?

Riqueza

Eu fui pobre, vivi em completa pobreza e também vivi na riqueza. Acreditem em mim quando digo que a riqueza é muito melhor que a pobreza. Sou um homem com interesses simples. Sinto-me completamente satisfeito com o melhor, não peço mais que isso.

Riso

O riso é a única coisa que é específica dos seres humanos – não a razão, mas o riso. Os animais também podem raciocinar, eles certamente o fazem a seu modo. Mas não podem contar piadas, rir, ver as coisas com humor, isso é impossível para eles. Todos os animais são pessoas sérias, e todas as pessoas sérias são animais! A partir do momento em que você se livra de sua seriedade, se livra de sua animalidade.

Um riso total é um fenômeno raro. Quando cada célula de seu corpo ri, quando cada fibra de seu ser pulsa com alegria, isso traz um grande relaxamento. Há algumas atividades que são imensamente valiosas, e o riso é uma delas. Cantar e dançar também são da mesma natureza, mas o riso é a mais rápida.

O riso é vida, amor, luz. O riso, em sua forma mais pura, é uma dança de todas as suas energias. Em um riso realmente profundo a mente desaparece. Ele não é parte da mente ou do coração. Quando um riso autêntico, uma gargalhada incontida, surge, é porque ele está vindo de seu núcleo, de seu centro, e ondulações começam a se espalhar em todo o seu ser. Quando você joga uma pedra em um lago silencioso, surgem ondulações que começam a se espalhar. Da mesma forma, o riso autêntico surge de seu centro e se move em direção às suas bordas. É quase como um terremoto! Cada uma das células de seu corpo, cada fibra, dança em harmonia.

S

Sabedoria

É possível ter conhecimento mas não ter sabedoria. Você pode obter todo o conhecimento que desejar. É fácil, basta apenas um pequeno esforço da mente, um pouco de empenho. Você pode continuar alimentando seu sistema de memória. É um computador no qual é possível acumular bibliotecas inteiras. Mas a sabedoria não é algo que possa ser acumulado, porque ela não vem de forma alguma através da mente, mas através do coração, do amor, e não da lógica.

Quando o coração está aberto para o amor, para a confiança, quando o coração está entregue ao todo, então um novo tipo de insight surge em você – uma clareza, uma compreensão tremendamente profunda do que é a vida, de quem você é, da razão pela qual essa existência *existe*, para começar. Todos os segredos são revelados, mas através do amor, e não da lógica, através do coração, e não da cabeça. A existência possui uma conexão direta com o coração, mas nenhuma conexão com a cabeça. Então, se você quiser se aproximar da realidade, o caminho passa pelo coração.

Uma vez que você tenha compreendido a sabedoria através do coração, poderá usar também sua mente como um bom auxiliar, e até mesmo o conhecimento acumulado por ela a serviço da sabedoria. Mas primeiro é preciso passar pelo coração. Portanto, não gaste tempo acumulando informações desnecessárias. As pessoas continuam acumulando informações absolutamente idiotas, o que é completamente ridículo. Se você olhar nos livros de história... as crianças são forçadas a lembrar-se dos nomes de reis e rainhas, assim como a data de seus nascimentos e de suas mortes – o que eles têm a ver com essas pobres crianças?

Uma vez um professor perguntou a uma criança: "Se Adão nunca tivesse deixado os jardins do Paraíso, o que teria acontecido?"

A criança respondeu: "Uma coisa é certa: não teria havido história e, portanto, não haveria aulas de história!"

O conhecimento traz informação, a sabedoria traz transformação.

Sacerdotes

Quando uma criança cresce, ela começa a duvidar que seu pai saiba tudo – e ela está certa. A criança começa a descobrir que seu pai não é infalível, que ele comete erros, que não é a pessoa mais forte de todas, porque existem muitas pessoas mais fortes que ele. Até aquele momento a criança confiou no pai e estava tranqüila. Nesse momento uma grande intranqüilidade surge dentro dela. Ela tornou-se dependente da figura paterna para obter proteção. Ela precisa de um pai que seja onipotente, onipresente, onisciente. Essa é a causa básica da projeção de Deus, e os sacerdotes têm explorado essa situação. Tornam-se mediadores. Dizem que Deus está muito longe e que conhecer Deus requer uma enorme disciplina, muito esforço, orações contínuas, então apenas umas poucas pessoas capazes de suportar todas essas austeridades estarão próximas de Deus. Os sacerdotes possuem uma linha de comunicação direta.

Os sacerdotes são a fonte de todo tipo de instituições nocivas.

Sacrifício

Um único momento de amor apaixonado, de uma vida apaixonada, de quietude apaixonada, vale mais do que toda a eternidade. Não se trata de sobrevivência, trata-se de como viver esse momento. Pensar em sobrevivência torna o amanhã mais importante que o dia de hoje, torna mais fácil para você sacrificar o dia de hoje pelo de amanhã. O amanhã, contudo, nunca chega: sempre que chega, já é hoje. Sua mente está programada para sacrificar o dia de hoje pelo amanhã, então você vai sacrificando toda a sua vida.

Os pais sacrificam suas vidas por seus filhos. Os filhos, por sua vez, irão sacrificar suas vidas por seus próprios filhos, e assim por diante. E ninguém jamais viverá de fato.

Oponho-me à própria idéia de sacrifício. Nunca cometa sacrifícios! Viva o momento – viva-o integralmente, intensamente, apaixonadamente. E assim um milagre acontecerá: se os pais tiverem vivido suas vidas de uma forma boa, se eles estiverem realizados, é essa realização que irá criar espaço para que suas crianças vivam da forma correta. E quando digo "da forma correta" não quero dizer de acordo com alguma moral, quero dizer de *forma integral*, completa. Viver apenas em parte equivale a viver de forma incorreta, e viver de forma completa é viver da forma correta.

Sagrado

Nada no mundo é mais sagrado que as lágrimas de amor e alegria. Tais lágrimas, tão puras, não são deste mundo. Ainda que sejam parte do corpo, expressam algo que está para além dele.

Salvação

Se Jesus praticasse a meditação, as coisas teriam sido bem diferentes. Ele não teria declarado que era o único filho de Deus. Não teria declarado que era o Messias pelo qual os judeus estavam esperando há séculos. Não teria declarado que tinha vindo para redimir a humanidade, que era o salvador. Essas são afirmações impossíveis partindo de um homem de meditação.

Um homem de meditação sabe que não há Deus. Ele sabe que há o divino, que é uma qualidade mas não uma pessoa, ou, de outra forma, uma fragrância, mas não uma flor. E o divino está em toda parte, basta que você esteja alerta e despertado no centro de seu ser. Não se trata do único filho de Deus.

E aquele que medita sabe que ninguém pode salvá-lo, exceto ele mesmo, porque ninguém pode alcançar seu centro. Esse privilégio e essa privacidade são seus. Você pode ser morto, mas ninguém pode tocar seu ser mais interior, com tudo que isso tem de bom e de mau.

Uma pessoa que medita não pode dizer "Posso salvar você" ou "Posso salvar toda a humanidade", ou ainda "Sou o salvador". Uma pessoa que medita não tem condições de dizer "Sou um messias, um mensageiro", porque não há um Deus para enviar messias e mensageiros.

Aquele que medita só pode fazer uma coisa. Tornar-se disponível para você com toda sua alegria, com toda sua graça, toda sua dança, toda sua beleza. De certa forma, é capaz de lembrá-lo que essa mesma realidade está dormente em seu interior. Ele pode apenas tornar-se um ponteiro, como o dedo apontando para a Lua, mas não pode levá-lo até a Lua.

Nem mesmo é possível, para aquele que medita, tentar convencer você. Ele pode apenas comunicar-se. Pode apenas colocar-se em comunhão com você em profunda amizade e amor, como se dissesse: "Eu encontrei algo. Talvez você também possa encontrá-lo. Basta olhar para dentro." Ele pode dizer a você como olhou para dentro de si e encontrou a própria fonte da vida.

Mas ele não é um profeta. Ele não se pretende especial, não pretende estar acima de você. Simplesmente diz que ele é tão comum quanto você, com uma pequena diferença – ele abriu os próprios olhos e você ainda está roncando.

Santos

Os santos que critico não são santos de amor. São todos contra o amor, contra a vida, eles não afirmam a vida. Não os condeno por serem santos, mas por serem contra a vida. Se alguém está preenchido com a alegria da vida e com o amor pela vida, aí está a verdadeira santidade.

A verdadeira santidade não pode ser contra o amor e contra a vida. Não pode ser contra essa celebração permanente. A verdadeira santidade está em participar da existência como ela é. O verdadeiro sábio ou santo não irá escolher, aceitará aquilo que lhe for dado. O corpo é dado, ele o aceita. O mundo é dado, ele o aceita, e aceitará ambos com imensa gratidão porque são presentes de Deus.

Por isso me oponho aos supostos "santos": estou tentando criar verdadeiros santos. E, a menos que possamos criar pessoas reais, o mundo estará perdido.

Os verdadeiros santos não serão reconhecidos como santos. Nenhuma igreja irá canonizá-los. E os que foram canonizados pela Igreja são, na verdade, falsos, artificiais, sintéticos, plásticos. Sim, é verdade que eles não riem. Mas Jesus não era um santo desse tipo. Ele ria, bebia, comia bem, ele amava. Ele era um verdadeiro homem dessa terra, mundano, com os pés no chão.

Saúde

Sempre que você está em perfeita saúde esquece tudo a respeito de seu corpo: o corpo fica esquecido. Somente quando surge uma doença é que você tem consciência do corpo. Ao surgir uma dor de cabeça, você não pode esquecer a cabeça. Quando você está normal, sem dor de cabeça, onde ela fica? Você se esqueceu com pletamente disso. Aquilo que não estiver doente será esquecido, mas o que estiver doente será lembrado – torna-se uma nota continuamente repetida na mente, uma tensão contínua dentro dela.

E o ego é uma doença, uma doença bem substancial, porque você tem que se lembrar continuamente de que é alguém. Isso mostra que você está em um profundo "desconforto", está doente. A doença cria o ego. Um ser humano completamente são, em seu estado natural, se esquece completamente disso. Ele é como uma nuvem, como uma brisa, pedra, árvore, pássaro – mas nunca como um homem. Não pode ser, porque apenas a doença, assim como a ferida, precisa ser lembrada. A lembrança é um mecanismo de segurança: se houver um espinho em seu pé, você tem que se lembrar disso. A mente retornará repetidamente ao mesmo ponto porque o espinho precisa ser removido. Se você se esquecer disso, o espinho permanecerá lá e se tornará perigoso: pode envenenar seu corpo. Quando você sente uma dor de cabeça, o corpo lhe avisa para prestar atenção, algo precisa ser feito. Se você se esquecer, a dor de cabeça pode se tornar perigosa.

O corpo avisa você sempre que há alguma doença, algo de errado – ele chama a sua atenção. Mas quando o corpo está saudável, você o esquece completamente. Você perde a consciência do corpo quando o corpo está saudável. E essa é a única definição de saúde: saúde é quando não há consciência do corpo. Se houver qualquer tipo de consciência, então uma parte dele não está saudável.

O mesmo se aplica à mente. Quando sua consciência está saudável, não há ego – você não sabe nada a respeito de si mesmo. Você não fica permanentemente se lembrando de que "Eu sou isso ou aquilo", você simplesmente relaxa. Você *é*, mas não há eu. É apenas um não-ser, um não-eu, mas não há eu, não há um ego cristalizado. O eu não está presente.

Segredos

Tudo que é belo é interior, e o que é interior significa privacidade. Você já observou as mulheres fazendo amor? Elas sempre fecham seus olhos. Elas compreendem uma coisa importante. Um homem muitas vezes faz amor de olhos abertos, permanece observando ao mesmo tempo. Não se coloca inteiramente no ato, não está totalmente presente. Permanece sendo um voyeur, como se outra pessoa estivesse fazendo amor e ele estivesse observando, como se o ato amoroso estivesse passando em uma tela de TV ou de cinema. Mas a mulher tem uma compreensão mais profunda, porque ela está em sintonia mais fina com seu interior. Ela sempre fecha os olhos. Então o amor possui um fragrância completamente diferente...

Os segredos possuem suas próprias razões de ser. Lembre-se disso, e lembre-se também de que você se comportará de forma tola em sua vida ao se tornar uma pessoa completamente pública. Seria como se alguém tivesse virado seus bolsos ao avesso. Assim estará você, como bolsos ao avesso. Não há nada de errado em se voltar para fora, mas, lembre-se, isso é apenas parte de uma vida. Não deveria tornar-se o todo.

Seguidores

Todos os seguidores estão, na verdade, perdidos. Tudo que um seguidor faz é encontrar maneiras de proteger-se, de estar seguro. Ele está apenas tentando jogar a responsabilidade nos ombros de outra pessoa. O seguidor está tentando encontrar um grupo onde possa ser absorvido, de forma que seus próprios medos não estejam mais presentes, ele não estará sozinho. Está apenas buscando companhia. Não pode ficar sozinho, tem medo de ficar sozinho. Não pode confiar em si mesmo: um seguidor é alguém incapaz de confiar em si mesmo. Ele nunca está pronto para a insegurança: procura um guru ou um mestre para obter proteção, abrigo, alguém atrás de quem ele possa se esconder. Está procurando uma figura paterna.

Sensibilidade

O "tornar-se" é a doença da alma. O "ser" é você.

E descobrir seu ser é o início de uma vida. Então cada momento é uma nova descoberta, cada momento traz uma nova alegria. Um novo mistério abre suas portas, um novo amor começa a crescer em você, uma nova compaixão que nunca sentiu, uma nova sensibilidade para a beleza, para a bondade.

Você se torna tão sensível que mesmo a menor haste de capim adquire uma enorme importância. Sua sensibilidade faz com que você perceba que essa haste de capim é tão importante para a existência quanto a maior das estrelas. Sem essa haste de capim, a existência seria menor do que é. E essa pequena haste é única, insubstituível, possui sua própria individualidade.

E essa sensibilidade irá criar novas amizades para você – amizades com as árvores, com os pássaros, com os animais, com as montanhas, com os rios, com os oceanos, com as estrelas. A vida se enriquece conforme o amor cresce, conforme sua cordialidade cresce.

Há uma bela passagem na vida de São Francisco. Ele está morrendo, e ele sempre havia viajado em um jumento pelas aldeias e cidades, compartilhando suas experiências. Todo os seus discípulos estavam reunidos para ouvir suas últimas palavras.

As últimas palavras de um homem são sempre as mais significantes dentre tudo o que ele já falou, porque contêm toda a experiência de sua vida. Mas os discípulos não podiam acreditar no que ouviram.

São Francisco não se dirigiu aos discípulos. Em vez disso, dirigiu-se ao jumento. Disse: "Irmão, tenho um enorme débito com você. Você tem me carregado através das estradas sem jamais reclamar, sem resmungar. Antes que eu deixe esse mundo, tudo que desejo é seu perdão. Não fui humano com você."

Essas foram as últimas palavras de São Francisco. Uma enorme sensibilidade para chamar o jumento de irmão e pedir para ser perdoado.

Conforme você for se tornando mais sensível, a vida ganhará uma dimensão maior. Já não será um pequeno lago, se tornará um oceano. Já não estará confinada a você, sua esposa e seus filhos –

não haverá mais limites. Toda a existência se tornará sua família e, a menos que toda a existência *seja* sua família, você não terá conhecido aquilo que a vida é – porque nenhum homem é uma ilha, estamos todos conectados.

Somos um vasto continente, unidos em milhões de formas. E se nossos corações não estão cheios de amor pelo todo, então, na mesma proporção, nossa vida será reduzida.

A meditação trará a você essa sensibilidade, esse grande sentido de pertencer ao mundo. É nosso mundo: as estrelas são nossas, não somos estrangeiros aqui. Pertencemos intrinsecamente à existência. Somos parte dela, somos o coração da existência.

Sensualidade

Torne-se mais consciente de seu corpo. Torne seus sentidos mais vívidos. Veja as coisas com mais amor, sinta os sabores com mais amor, toque de forma mais amorosa, sinta os aromas com mais amor. Deixe que seus sentidos funcionem cada vez mais. Então, subitamente, você irá perceber que a energia que estava se movendo em demasia dentro de sua cabeça está agora dividida igualmente por todo o corpo.

A cabeça é um ditador. Ela está sempre retirando energia de todos os lugares, é monopolista. Ela matou os sentidos. A cabeça toma quase oitenta por cento da energia, sobrando apenas vinte por cento para todo o resto do corpo. É claro que o corpo todo sofre, e, quando o corpo sofre, você sofre, porque só pode ser feliz ao funcionar como um todo, como uma unidade orgânica, se todas as partes de seu corpo e de seu ser estiverem recebendo sua justa medida. Nem mais nem menos que isso. Então você estará funcionando dentro de um ritmo. Estará em harmonia.

Harmonia, felicidade, saúde: são todos parte de um mesmo fenômeno, e isso é estar inteiro. Se você estiver inteiro, estará feliz, saudável e harmonioso.

Sentimentos

Pense menos, sinta mais. Use menos o intelecto, use mais a intuição. Pensar é um processo frustrante, faz com que você acredite que está fazendo grandes coisas. Mas você está simplesmente construindo castelos de vento. Pensamentos nada mais são que castelos de vento.

Os sentimentos são mais materiais, mais substanciais. Eles transformam você. Pensar sobre o amor não irá ajudar em nada, mas sentir o amor provocará uma transformação em você. O ego adora pensar, porque ele se alimenta de ficções. O ego não pode digerir nenhum tipo de realidade, e pensar é um processo fictício.

Mude da mente para o coração, do pensar para o sentir, da lógica para o amar.

Seriedade

Aqueles que levam a vida a sério se tornam patológicos, porque a vida não é algo sério. É feita de diversão, toda ela. É uma canção a ser cantada, uma dança a ser dançada, um amor a ser vivido, mas sempre de forma muito divertida. A partir do momento em que você se torna sério, fica bloqueado, o fluxo pára. Você fica separado da energia universal. Você não pode dançar quando está sério porque a seriedade é basicamente tristeza. A seriedade é também sinônimo de cálculos, negócios: a pessoa está sempre procurando um motivo – por quê? Sempre perguntando: "Por que fazer isso? O que irei ganhar com isso? Qual será o lucro?" Essas são atitudes do mundo dos negócios. São boas atitudes se você está lidando com o mercado, mas estão completamente erradas quando você começa a se voltar para dentro. Quanto mais se voltar para dentro, mais a vida lhe parecerá alegre, enormemente alegre. É necessário ter senso de humor e também um senso de diversão.

No passado os valores eram exatamente opostos: os santos foram muito infelizes e sérios, como se a vida fosse um peso, um enorme sacrifício. Eles carregavam montanhas em suas cabeças. Não estavam livres como crianças, brincando sem um motivo específico, brincando só por brincar... sem qualquer idéia de tirar proveito disso.

Sexo

O sexo é tão importante porque é a fonte de toda a vida. É algo tão significante que, se você o reprimir, terá que reprimir também muitas outras coisas. Por exemplo, a pessoa que está sexualmente reprimida não conseguirá ser criativa, porque a criatividade em si é um tipo de atividade sexual.

Segundo o que tenho observado, se uma pessoa é completamente criativa, ela irá transcender o sexo sem reprimi-lo, porque sua própria energia terá se tornado criativa. Essa pessoa não vai precisar do sexo, embora também não vá tentar evitá-lo, mas a própria necessidade desaparecerá. Ela terá atingido um êxtase muito superior, e as coisas menos elevadas tendem a desaparecer quando você tem coisas mais elevadas em suas mãos.

Tente entender minha aritmética: nunca deixe de lado aquilo que é menos elevado, mas tente obter o mais elevado. Quando o mais alto for conquistado, o menos elevado tende a desaparecer por conta própria. E quando este desaparece em função do que é mais elevado, então a vida se torna mais bela, mais saudável e completa.

Um verdadeiro poeta, enquanto produz, cria, compõe, se esquece completamente de sexo. Um verdadeiro escultor, concentrado em seu trabalho, se esquecerá completamente de sexo. Mesmo que uma mulher nua passe por perto, ele não irá olhar para ela, pois sua concentração está inteiramente voltada para sua criatividade. Um verdadeiro dançarino desaparece em sua dança: seu ego, seu sexo, tudo é dissolvido por sua dança.

Mas, se o sexo for reprimido, então acontecerá justamente o contrário: sua criatividade ficará reprimida, e uma criatividade reprimida significa muitas coisas. As implicações disso são muito grandes, porque há uma multidimensionalidade presente. Se sua criatividade for reprimida, sua ciência e o pensamento científico desaparecerão...

Se sua vida sexual estiver fluindo com alegria, você terá um enorme interesse por tudo que está fazendo.

Na minha opinião, o sexo é a semente: o prazer. Se você permite que o sexo cresça de forma natural, que ele seja respeitado, valorizado, então há uma transformação, uma metamorfose. O sexo começa a se expandir em uma folhagem de arte, música, poesia, dança e mil outras dimensões criativas. Ele é apenas a semente, ou as raízes, mas, se for sustentado, alimentado, irrigado, cuidado, então muitos galhos crescerão, muitas folhas surgirão, muitas folhas verdes se espalhando em todas as direções, dançando ao vento, na chuva, no sol... Esse é o mundo da arte, o mundo da estética. E se você permitir que o mundo da estética atinja seu pico mais alto, então as flores surgirão.

Sexualidade

Quando uso a palavra "sexualidade", não estou falando apenas do seu aspecto genital. A sexualidade genital é apenas uma experiência e uma expressão muito pequena do sexual. O sexual é algo grande. Por sexual me refiro às vezes em que seu corpo estiver vivo, sensual, latejante, pulsante – logo, você se encontra em um estado sexual. E isso pode não ter nenhuma relação com a genitália. Por exemplo, quando você está dançando, está sendo sexual. Um dançarino é sexual, a energia da dança é uma energia sexual. Não é genital, você talvez não esteja pensando em sexo, pode ter se esquecido completamente disso. Na verdade, quando você se esquece completamente do sexo e está dissolvido em qualquer atividade profunda com seu corpo, isso é sexualidade. Você pode estar nadando ou correndo pela manhã.

Portanto, quando uso a palavra "sexual", quero falar sobre essa experiência de totalidade. A sexualidade genital é uma das funções da sexualidade. Tornou-se importante demais, porque esquecemos da função total da sexualidade. Na verdade, foram os seus "mahatmas" que tornaram vocês tão focados nos genitais. Toda a culpa é de seus santos e de seus "mahatmas", são eles os culpados, os criminosos. Eles nunca disseram a vocês o que a verdadeira sexualidade é.

Aos poucos ela ficou confinada à genitália. Tornou-se meramente *local*, e não mais *total*. A sexualidade local é feia porque, no máximo, pode lhe trazer um alívio, mas nunca o fará chegar ao orgasmo. A ejaculação não é orgasmo, nenhuma ejaculação é orgasmática, e cada orgasmo não é uma experiência de elevação. A ejaculação é genital, o orgasmo é sexual, e a experiência de elevação é espiritual. Quando a sexualidade fica confinada aos genitais, você é capaz apenas de ter um alívio. Você perde energia, isso é tudo, mas não ganha nada. É simplesmente estúpido. É exatamente como o alívio que vem de um bom espirro, nada mais que isso.

Não há orgasmo porque seu corpo total não pulsa. Você não dança, não participa com sua totalidade, não é algo sagrado. É muito restrito, e aquilo que é restrito nunca pode ser orgasmático porque o orgasmo só será possível quando todo o organismo estiver envolvido. Quando você pulsar dos dedos do pé até a sua cabeça, quando todas as fibras de seu ser pulsarem, quando todas as células de seu corpo dançarem, quando houver uma grande orquestra dentro de você, quando tudo estiver dançando, então isso será o orgasmo. Mas esse orgasmo continua não sendo uma experiência de elevação. Quando você estiver pulsando completamente por dentro, isso é um orgasmo. Quando sua totalidade participar em conjunto com a totalidade da existência, então será uma experiência de elevação. Mas as pessoas se fixaram na ejaculação, esqueceram o orgasmo e esqueceram completamente a experiência de elevação. Não sabem o que é isso.

E, como não podem atingir esse ponto mais elevado, ficam confinados a coisas inferiores. Quando você pode atingir pontos mais elevados, quando você pode atingir coisas melhores, naturalmente o que é inferior começa a desaparecer, automaticamente. Estou dizendo que o sexo será transformado, mas não a sexualidade. Você ficará mais sensual. À medida que o sexo for desaparecendo, você irá se tornar cada vez mais sensual. Para onde irá o sexo? Ele se tornará sua sexualidade. Você ficará mais sensual. Você irá viver com mais intensidade, com uma chama mais brilhante, como uma grande onda. Essas pequenas ondas irão desaparecer. Você se tornará uma tempestade, um grande vento capaz de sacudir árvores e montanhas. Você será uma maré, uma enchente. Sua vela queimará em ambas as pontas, ao mesmo tempo.

E nesse momento – mesmo que você só possa vivê-lo por um breve instante, será mais que o bastante – você terá provado o sabor da eternidade.

Silêncio

Há dois tipos de silêncios: um é aquele que você cultiva, o outro é aquele que surge. Seu silêncio cultivado nada mais é que ruído reprimido. Você pode sentar-se silenciosamente, e, se você se sentar durante um longo tempo e continuar a praticar durante muitos meses e anos, gradativamente será capaz de reprimir todos os ruídos em seu interior. Mas ainda assim estará sentado em um vulcão, que poderá entrar em erupção a qualquer momento, por qualquer pequeno motivo. Isso não é um silêncio real, é apenas um silêncio imposto.

É isso que está acontecendo em todo o mundo. As pessoas que tentam meditar, as que tentam se tornar silenciosas, estão apenas impondo um silêncio a si mesmas. Esse silêncio *pode* ser imposto – você pode ter uma camada de silêncio em torno de si mesmo, mas isso será apenas um engodo, nada mais. Essa camada não irá ajudar.

O verdadeiro silêncio surge de seu próprio ser. Não é imposto de fora para dentro, é exatamente o contrário: ele vem brotando de dentro para fora, se espalha do centro para a circunferência. Esse é um fenômeno completamente diferente..

Sim

Esta simples palavra, "sim", contém todas as religiões do mundo. Ela contém a confiança, o amor, o abandono. Contém todas as orações que já foram feitas, que estão sendo feitas e as que ainda serão feitas. Se você puder dizer sim com todo o seu coração, já disse tudo que poderia ser dito. Dizer sim à existência é ser religioso, dizer não é ser não-religioso.

Essa é minha definição do ateu e do teísta. O ateu não é alguém que nega Deus, e o teísta não é alguém que acredita em Deus. Ao menos não é necessariamente assim, porque houve grandes teístas que nunca acreditaram em Deus algum. Houve Buda, Mahavira, Adinatha: houve pessoas enormemente iluminadas que nunca falaram sobre um Deus. Mas elas falaram sobre um sim, tinham que falar sobre o sim.

Deus pode ser colocado de lado, como uma hipótese desnecessária, mas o sim não pode ser colocado de lado. É o próprio espírito do divino. Ele pode existir sem Deus, mas Deus não pode existir sem o sim. Deus é apenas o corpo, o sim é a alma.

Há pessoas que acreditam em Deus, mas ainda assim digo que são ateus, porque sua crença não possui um sim por detrás. Sua crença é balela, é apenas formal, vem de outras pessoas, é um empréstimo. Seus pais, seus sacerdotes e professores lhes ensinaram que Deus existe. E incutiram nessas pessoas tanto medo que elas nem mesmo podem questionar a existência de Deus. E têm sido feitas grandes promessas para essas pessoas, se elas acreditarem em Deus. Haverá grandes recompensas no paraíso para os que acreditam, e grandes punições no inferno para os que não acreditam.

O medo e a ganância têm sido explorados. Os sacerdotes têm se comportado, em relação a vocês, quase como os psicólogos se comportam com os ratos, fazendo continuamente seus experimentos. Os ratos, nos experimentos de psicologia, são controlados através do castigo e recompensa. Recompense os ratos e eles começarão a aprender coisas. Mas, se você os castigar, começarão a desaprender outras coisas...

Teístas, ateus, ambos são vítimas. Uma pessoa realmente religiosa não tem nada a ver com a Bíblia, ou o Alcorão, ou o Bhagavad Gita. Uma pessoa realmente religiosa possui uma profunda comunhão com a existência. Ela pode dizer sim para uma rosa, para as estrelas, para as pessoas, para seu próprio ser, para seus próprios desejos. Pode dizer sim àquilo que a vida lhe trouxer. É alguém que afirma a vida.

E nessa afirmação está contida a oração mais essencial.

Simplicidade

A simplicidade é viver sem ideais. Os ideais criam complexidade, criam divisões em você e, portanto, geram complexidade. A partir do momento em que fica interessado em ser outra pessoa, você se torna complexo. Simplicidade significa estar contente com aquilo que você é.

O futuro traz complexidade. Quando está completamente no presente, você se torna simples.

Simplicidade não significa uma vida de pobreza. Isso é completamente absurdo porque a pessoa que impõe uma vida de pobreza a si mesma não é nada simples. É hipócrita. Essa necessidade significa que, lá no fundo, ela deseja exatamente o oposto. Do contrário, por que seria necessário impor algo? Você só impõe determinado caráter sobre si mesmo se for o oposto disso...

A simplicidade significa ser apenas aquilo que você é, em absoluta aceitação, sem objetivos, sem ideais. Todos os ideais são besteiras inúteis – livre-se de todos eles.

É preciso coragem para ser simples. É preciso coragem porque você nunca estará ajustado àquilo que chamam de "sociedade" e que existe ao seu redor. Você será sempre um estrangeiro. Mas será simples, e a simplicidade possui sua beleza. Você estará completamente em harmonia consigo mesmo. Não haverá conflitos dentro de você, não haverá divisões dentro de você. Um ideal traz as divisões. Quanto maior o ideal, maiores são as divisões...

A simplicidade não é um ideal, você não pode se impor a simplicidade. É por isso que nunca digo que pessoas como Mahatma Gandhi são simples. Elas não são, não podem ser. Simplicidade é o ideal dessas pessoas, elas estão tentando atingi-lo. A simplicidade é um objetivo muito distante no futuro, e elas estão lutando, estão se esforçando, fazendo um grande esforço. Como é possível criar simplicidade a partir de um esforço? Tentam melhorar a existência com seu esforço. A existência é perfeita como ela é, não precisa ser melhorada. A simplicidade significa tão-somente *aquilo que é.*

SINGULARIDADE

Não acredito em igualdade pelo simples motivo que isso é psicologicamente impossível. Sócrates é Sócrates, e você não pode criar quatro bilhões de Sócrates para tornar o mundo inteiro igual.

Todo ser humano é único. Não há dois seres humanos que sejam iguais, e nunca deveria haver, do contrário o mundo se tornaria muito chato. Apenas rosas e rosas em todo o mundo: tudo da mesma cor e do mesmo tamanho? Não. O mundo precisa de uma enorme variedade de flores, de todas as cores: é o que lhe dá sua riqueza.

Acredito na singularidade dos indivíduos, não na igualdade entre indivíduos. Mas acredito na idéia de oportunidades iguais para todos. São coisas completamente diferentes – oportunidades iguais para que uma rosa cresça, oportunidades iguais para que uma flor de lótus cresça, oportunidades iguais para que uma margarida cresça.

Esse é o princípio: oportunidades iguais para que todos possam ser desiguais, únicos.

Por isso, não acredito na igualdade dos indivíduos, mas certamente acredito em dar oportunidades iguais a todos. Se alguém quiser se tornar um pintor, e outra pessoa quiser se tornar um doutor ou um escultor, todos deveriam ter oportunidades iguais. Mas não deveriam ser forçados a ser iguais, pois isso seria assassinar toda a riqueza da humanidade.

Sociedade

Não se trata de mudar a sociedade ou o mundo, porque não há sociedade alguma. Apenas os indivíduos existem, a sociedade é uma ilusão. É justamente porque acreditamos em uma sociedade que todas as revoluções fracassaram. A crença de que há uma sociedade sabotou todos os esforços para mudar os homens, porque está fundada em uma ilusão. Pergunte a um cientista: ele lhe dirá que não há matéria, apenas elétrons. A matéria é uma ilusão. Exatamente da mesma forma, aqueles que entendem a consciência humana dirão que a sociedade é uma ilusão, como a matéria. Mas os elétrons são verdadeiros, e também os indivíduos.

É preciso mudar os indivíduos. Se for possível ajudá-los, se for possível iluminá-los, se eles puderem ser convencidos a celebrar a vida, a ter prazer com a vida, somente assim seremos capazes de mudar o planeta. Mas esse não é o propósito, esse não é o objetivo. Será apenas uma conseqüência.

Os que são inteligentes perceberam que todas as revoluções fracassaram, todas as revoluções sociais fracassaram. E ainda assim continuamos não ouvindo os budas, que têm nos falado de uma revolução completamente diferente: a revolução no coração do indivíduo, porque o indivíduo é substancial, é real. A sociedade é apenas uma palavra, e uma palavra muito perigosa. Os homens são muito eficientes na hora de inventar palavras perigosas.

Sofrimento

Não há sofrimento no crescimento em si. Ele vem de sua resistência ao crescimento. Você cria esse sofrimento porque está resistindo, não permite que o crescimento se dê naturalmente. Está com medo de prosseguir, então se entrega apenas pela metade. É daí que surge o sofrimento, pois você fica dividido. Uma parte de você coopera e outra parte é contra o processo, opõe uma resistência. Esse conflito interno cria o sofrimento.

Então, deixe de lado essa idéia que muitas pessoas têm, de que é necessário sofrer para crescer. Isso não tem o menor sentido. Coopere totalmente, e não haverá sofrimento algum. Deixe-se levar e, em vez de sofrer, você terá prazer. Todos os momentos serão momentos de êxtase e bênçãos.

Portanto, não jogue a responsabilidade sobre o crescimento. Nossa mente é muito astuta, esperta: está sempre jogando a responsabilidade em alguém, em algo. Nunca deseja que ela recaia sobre si mesma. *Você é* a causa do sofrimento.

Deixe de lado o passado se quiser crescer, porque a resistência surge vinda do passado. Você está sempre julgando as coisas a partir do passado. Ele não existe mais, é absolutamente irrelevante, mas continua interferindo. Você continua baseando seus julgamentos nele, continua dizendo: "Isso está certo e aquilo está errado", e todas essas idéias de certo e errado, todos esses julgamentos estão vindo de algo que já está morto. Seu passado morto continua sendo muito importante para você, tendo um peso tão grande que não permite que você se mova.

Deixe-o completamente de lado e você se surpreenderá: muito de seu sofrimento irá desaparecer.

É importante, ainda, ter em mente que não se deve criar expectativas para o futuro. Se você estiver esperando algo, então irá criar sofrimento, porque as coisas não vão acontecer da forma como você gostaria. As coisas vão acontecer de acordo com o conjunto das coisas. A onda, a pequena onda no oceano, não pode ser o fator decisivo. O oceano decide; a onda precisa estar pronta a se deixar levar. Se ela quiser seguir em determinada direção, então terá problemas, pois haverá sofrimento. Se os ventos não estiverem indo naquela direção, se o oceano não desejar que seja assim, então o que a onda poderá fazer? Ela irá sofrer. Chamará a isso de destino, de circunstâncias, de condições sociais, de estrutura econômica, de sociedade capitalista, de cultura burguesa, do inconsciente freudiano... No final das contas você dirá que são as dores do crescimento. Mas você estará apenas deslocando a responsabilidade.

A verdade é que você estará sofrendo por suas próprias expectativas. Quando elas não se realizarem – e elas nunca se realizarão –, surgirá a frustração, o fracasso, e você irá sentir-se negligenciado, como se a existência não se importasse com você.

Deixe de lado as expectativas para o futuro. Permaneça aberto, permaneça à disposição daquilo que acontecer, mas não faça planos para o futuro. Não crie nenhuma idéia interna e fixa sobre o futuro, pensando que as coisas deveriam ser de uma determinada maneira. Assim será possível evitar muito mais sofrimento. Essas duas coisas são as causas básicas do sofrimento.

SOLIDÃO

Uma vez que você compreenda a beleza de estar só, ela não se torna solidão. Nesse momento já não é mais um vazio, já não é mais uma ausência. Passa a ser uma pureza, tão pura que não possui uma forma.

Lembre-se sempre da diferença entre as duas. A solidão é como uma ferida, significa que você está sentindo a falta do outro. A solidão significa que está pensando e desejando o outro constantemente. O outro está em sua fantasia, em sua mente, em seus sonhos. O outro não é real, é imaginário, mas, como está presente em você e não é real, você irá se sentir solitário. Quando você compreender a beleza do "estar só", o outro terá saído de sua mente completamente. Não será mais uma sombra em seus sonhos, não irá mais tocar sua pureza. Você estará feliz com você mesmo, em êxtase consigo mesmo, estará desfrutando de si mesmo. Pela primeira vez, você estará em harmonia com seu ser e com seu não-ser. Estará inteiro.

Agora você poderá amar. Agora o amor poderá fluir. Mas agora o amor será compartilhar, e não uma fuga. Agora você pode ir e compartilhar o seu ser – e seu não-ser também. Agora você pode compartilhar sua completude. Agora pode permitir a qualquer um que estiver aberto juntar-se à sua abertura, agora você pode se tornar um parceiro na jornada eterna. Esse amor não será possessivo, porque você está pronto para ficar só a qualquer momento. Na verdade, estará feliz ficando só, estará feliz ficando junto – você já não escolhe. Ambos são bons. Seja como for, você se sentirá feliz. Sua felicidade não pode mais ser destruída agora: o outro pode desfrutar dela e dividi-la com você, mas não pode destruí-la.

Solteiros

Ouvi falar de um homem que, durante toda a sua vida, procurou a mulher perfeita, mas no final acabou morrendo solteiro. Quando estava morrendo, alguém lhe perguntou: "Toda a sua vida você esteve à procura de uma esposa perfeita. Você não conseguiu encontrar uma única mulher que fosse perfeita?"

Ele respondeu: "Quem disse que não a encontrei? Muitas vezes conheci mulheres perfeitas."

Então lhe perguntaram novamente: "Mas o que aconteceu? Por que você não se casou?"

"Por que elas também estavam procurando por um homem perfeito!"

Sonhos

A análise dos sonhos não pode ajudá-lo a tornar-se iluminado, mas testemunhar os sonhos certamente poderá ajudá-lo.

Essa é uma das diferenças entre a psicologia e a religião: a psicologia analisa os sonhos. A religião os observa, ajuda você a percebê-los. E, a partir do momento em que você percebe seus sonhos, eles desaparecem: não podem continuar existindo por um único momento sequer. Só podem existir quando você está completamente desatento, não-perceptivo: essa é uma condição absoluta para a existência deles.

Um buda nunca sonha, não pode sonhar. Mesmo que deseje, ele

não pode. Os sonhos desapareceram de seu ser porque, até mesmo durante a noite, enquanto dorme, no mais profundo de seu ser, ele já atingiu o despertar.

Há um sonhar noturno e há o sonhar acordado. Você simplesmente passa de um tipo para outro tipo de sonho.

Lembre-se daquele que está vendo os sonhos. Desperte para essa testemunha. Não preste muita atenção nos sonhos.

Sono

O principal discípulo de Buda foi Ananda, que viveu com ele por quarenta anos e o serviu com grande amor. Ele costumava observar Buda de todas as formas possíveis, porque estava sempre seguindo-o, como uma sombra. E cada um dos movimentos de Buda era belo e gracioso. Ananda também o observava quando ele dormia, porque costumava dormir no mesmo quarto caso o mestre precisasse dele à noite. Ele costumava olhar para o Buda enquanto dormia. Acordado ou dormindo, sua graciosidade era a mesma, sua beleza era a mesma, seu silêncio era o mesmo.

Um dia ele disse ao Buda: "Eu não deveria lhe fazer essas perguntas, que parecem tão tolas, mas não posso conter minha curiosidade. Você dormia, e eu o observei por muitas horas. Algumas vezes, no meio da noite, eu acordo e o observo, algumas vezes observo você cedo pela manhã, antes que acorde, mas me parece que permanece acordado até mesmo enquanto dorme. Você parece tão cheio de vida, tão disposto! Outra coisa: você nunca muda de postura. Você vai dormir e acorda exatamente na mesma posição. Qual o segredo disso?"

Buda disse: "Não há nenhum segredo. O corpo vai dormir, mas, uma vez que tenha despertado, você permanece desperto! Seja dia ou noite, não faz diferença, a chama interior continua a queimar. O corpo vai dormir porque o corpo se cansa, e então não há mais mente, não há nenhuma pergunta surgindo da mente." Existem apenas duas coisas.

Para o não-iluminado existem três coisas: o corpo, a mente, a alma. E, por causa da mente, ele não pode ver a alma. A mente é um turbilhão, um caos. É como fumaça, como nuvens. Mas os iluminados não possuem mente, apenas silêncio. Então um iluminado possui apenas corpo e alma. O corpo se cansa, precisa dormir, mas a alma nunca se cansa, nunca precisa descansar, está sempre desperta.

O corpo dorme e a alma está desperta. A natureza do corpo é ser inconsciente e a da alma é ser consciente. Essas são qualidades intrínsecas. Uma vez que a mente não esteja mais presente, então, mesmo durante seu sono, apenas o corpo dorme, não você.

Sucesso

Se você ficar pensando demais no sucesso, pensará também constantemente no fracasso. Eles vêm juntos, no mesmo pacote. Sucesso e fracasso não podem ser separados um do outro. Se você pensa em sucesso, em algum lugar lá no fundo haverá um medo também. Quem pode garantir se você conseguirá ou não? Você pode fracassar.

O sucesso projeta você no futuro, lhe traz ganância, uma projeção do ego, ambição. E o medo também lhe traz um tremor, uma comoção – você pode falhar. A possibilidade do fracasso faz com que você hesite. E, ao hesitar, ao se tornar ganancioso e ambicioso, seu trabalho se transformará em um grande tumulto: você estará trabalhando aqui, mas olhando para outro lugar. Estará caminhando em uma estrada, enquanto olha para algum lugar distante no céu.

Super-homem

O homem é apenas uma ponte. O homem não possui um ser. O homem é um devir, um processo. Ele precisa chegar; ele ainda está a caminho. Ele precisa superar a si mesmo. Precisa tornar-se um super-homem.

Quando você tiver chegado à sua maior profundidade, quando não houver mais para onde ir, quando tiver atingido o núcleo, o centro, então não será mais um homem. Buda não é um homem, é um super-homem. Assim como Jesus, assim como Krishna e todos os iluminados da Terra. E você tem que se tornar parte dessas cadeias de iluminados: tem que se tornar parte da glória que pertence a um iluminado. Cada ser humano precisa tornar-se um super-homem.

Esse super-homem nada tem a ver com raça ou sangue. Não estou usando a palavra no mesmo sentido que Adolf Hitler a usou. Estou usando essa palavra em um sentido completamente diferente, como o estado mais profundo de seu despertar. Ao chegar a esse ponto, como você poderia continuar sendo apenas um ser humano? Você terá ultrapassado, terá ido além. Terá alcançado a outra margem.

SUTRAS

No Oriente, as grandes lições dos mestres são chamadas de *sutras*, "tramas", por uma razão. Um homem nasce como se fosse uma pilha de flores, apenas uma pilha. A menos que haja tramas para sustentar as flores, elas continuarão amontoadas e jamais irão tornar-se uma grinalda.

E você só poderá ser oferecido a Deus quando se tornar uma coroa. Uma pilha é um caos, uma grinalda é um cosmos – ainda que na grinalda você veja apenas as flores, a trama é invisível.

Os dizeres dos mestres são chamados de *sutras*, "tramas", porque podem fazer de você uma grinalda. E somente quando você se tornar uma grinalda poderá vir a ser uma oferenda para Deus – somente quando for um cosmos, uma harmonia, uma canção.

Nesse exato momento você é apenas um monte de palavras sem sentido. Você pode colocar isso no papel... Sente-se em um quarto, feche a porta e comece a escrever no papel aquilo que vier à sua mente. Não edite nada, não apague nada, não acrescente nada porque você não vai mostrar isso a ninguém. Mantenha uma caixa de fósforos por perto, já que, uma vez que tenha escrito tudo, você pode queimar as folhas imediatamente, de forma que você possa ser autêntico. Faça isso, escreva o que lhe passar pela cabeça e ficará surpreso: em apenas dez minutos desse exercício irá entender o que quero dizer quando digo que você é apenas tagarelice.

É realmente uma grande revelação ver como sua mente vai pulando de um lado para outro, de uma coisa para outra, acidentalmente, sem qualquer motivo. Veja quantos pensamentos sem sentido ficam correndo dentro de você, sem relevância, sem consistência. É um desperdício completo, um vazamento de energia!

T

Tantra

Quando o sexo for apenas um impulso inconsciente e mecânico dentro de você, estará errado. Lembre-se de que o sexo não é errado, é esse caráter mecânico que está errado. Se você puder trazer a luz de uma inteligência em sua sexualidade, essa luz irá transformar a sexualidade. Já não será sexualidade, será algo completamente diferente, tão diferente que você sequer possui uma palavra para isso.

No Oriente temos uma palavra, "tantra". No Ocidente não há nenhuma palavra. Quando o sexo se junta, quando está entrelaçado com a inteligência, uma energia completamente nova é criada, e essa energia é chamada "tantra".

A palavra "tantra" significa a capacidade de expansão, aquilo que continua a se expandir. O sexo reduz você, o tantra o expande. É a mesma energia, mas ela faz uma virada. Não é mais egoísta, autocentrada. Começa a se espalhar por toda a existência. No sexo, durante um momento você pode atingir o orgasmo, e o custo é alto. No tantra você pode viver em orgasmo durante todo o dia, porque sua própria energia se torna orgasmática. E seu encontro não é mais com um indivíduo específico, seu encontro é com o universo em si. Você vê uma árvore, uma flor, uma estrela, e há algo similar ao orgasmo acontecendo.

A pessoa que se tornou completamente inteligente, alerta, desperta, vive de forma orgasmática. Todos os seus movimentos estão cheios de picos orgasmáticos, picos atrás de picos. E quando o tantra tiver acontecido, o sexo irá desaparecer. O sexo é uma semente, o tantra é a árvore.

Tédio

O tédio indica que sua forma de levar a vida está errada. Por que você se sentiria entediado? Porque você tem vivido de acordo com padrões mortos, padrões que lhe foram impostos por outros. Renuncie a esses padrões, vá além deles! Comece a viver de acordo com seus próprios padrões.

Você precisa seguir as idéias dos outros, precisa fazer as coisas da forma correta, tem que fazer as coisas como devem ser feitas. É daí que surge o tédio, é nisso que ele se baseia.

Toda a humanidade está entediada porque quem queria ser místico tornou-se matemático, quem queria ser matemático virou político, e os poetas se tornaram homens de negócios. Todos estão deslocados, ninguém está onde deveria. Nós todos precisamos correr riscos. O tédio pode desaparecer imediatamente se você estiver pronto a correr riscos...

Você está entediado consigo mesmo porque não tem sido sincero, não tem sido honesto com você, não tem respeitado seu próprio ser.

Tempo

No sânscrito temos a mesma palavra tanto para o tempo quanto para a morte. A morte é camada de *kal,* e o tempo também é *kal.* O sânscrito talvez seja o único idioma em todo o mundo que possui um mesmo nome para o tempo e a morte. É por isso que pode-se dizer, com toda certeza, que o sânscrito é o único idioma que foi transformado pelos insights dos visionários, dos iluminados. Todos os outros idiomas permaneceram comuns.

Durante dez mil anos, milhares de pessoas no Oriente se tornaram iluminadas, e elas têm mudado a própria estrutura do sânscrito. Elas têm transferido para ele um certo brilho de suas iluminações, têm tornado as próprias palavras iluminadas. Têm dado a essas palavras novos sentidos que não poderiam ser atribuídos por pessoas que não tivessem atingido a iluminação. Usar um mesmo nome para o tempo e a morte é um grande insight. Não é uma questão de conhecimento lingüístico, é uma questão de vivenciar algo enormemente valioso.

O tempo e a morte são um só. Viver o tempo significa viver a morte. E, a partir do momento em que o tempo desaparece, a morte desaparece. Portanto, quando você está completamente silencioso, quando nenhum pensamento se move em sua mente, o tempo desaparece. Você não pode saber quanto tempo se passou. A partir do momento em que o tempo desaparece e o relógio de sua mente pára, subitamente você entra em um mundo atemporal, o mundo do eterno, o mundo do absoluto.

Isso que vou dizer não está no Novo Testamento, mas faz parte da tradição sufi. Um peregrino perguntou a Jesus: "Qual será a coisa mais significante em seu reino de Deus?" A resposta é incrível. Jesus disse: "O tempo não mais será." Essa é a coisa mais significante no reino de Deus: o tempo deixará de existir. Não haverá passado nem futuro, apenas presente.

E afirmo que o presente não faz parte do tempo. É claro que lhe contaram e lhe ensinaram isso nas escolas e universidades, e seus dicionários continuam repetindo que há três tempos verbais: passado, presente e futuro. Isso está absolutamente incorreto de acordo com aqueles que sabem. O passado e o futuro são "tempo", mas o presente não é "tempo". O presente pertence à eternidade. O passado e o futuro pertencem a esse mundo das coisas relativas, esse mundo de mudanças. Entre os dois se insere o além, o transcendental, e isso é o presente. O agora é parte da eternidade.

Se você viver no tempo, a morte virá um dia. Na verdade, isso que eu disse não está correto: ela *já está aqui*. A partir do momento em que uma criança nasce, ela começa a morrer. Pode levar setenta ou oitenta anos para morrer, essa é uma outra questão. Ela morrerá lentamente, em parcelas, um pouco a cada dia, a cada momento. Ela continuará morrendo, morrendo, morrendo... e o processo se completará após setenta ou oitenta anos. Quando você diz que uma pessoa morreu hoje, não se deixe iludir por sua declaração: ela esteve morrendo durante oitenta anos, e hoje o processo se completou.

Se você usar os métodos da meditação, deixará a mente para trás, e a mente é a fonte tanto do tempo quanto da morte. Ela é tempo, ela é morte. Um dos seus aspectos é o tempo, o outro aspecto é a morte. Através da meditação, através da observação da mente, você pode deixar a morte para trás.

Mas isso é apenas um processo negativo: os upanixades o

chamam de *neti neti* – nem uma coisa, nem outra –, o processo de eliminação: "Eu não sou isso: o corpo, a mente. Então quem sou eu?" Primeiro elimine o que não é essencial, deixe-o de lado, e continue eliminando tudo que não seja essencial até que sobre apenas o essencial.

E o que é essencial? Como você irá decidir que sobrou apenas o essencial? Quando não sobrou nada para ser negado, nada para ser eliminado. Comece a esvaziar a sua casa: jogue todos os móveis fora. Quando não houver mais nada para jogar fora, então uma grande revelação acontecerá: você atingirá a imortalidade. O absoluto surgirá em você em toda sua beleza e esplendor, em todo seu êxtase.

Teologia

Estou me lembrando de Moisés no Monte Sinai. Ele foi lá à procura de Deus e presenciou um fenômeno muito estranho que os eruditos judaicos foram incapazes de explicar, porque parecia ficção. Ele viu um fogo e, dentro do fogo, um arbusto verde, intocado pelas chamas. Não podia acreditar no que estava vendo. As chamas eram altas e, ainda assim, o arbusto dentro das chamas permanecia verde, e suas flores estavam desabrochando como se uma brisa suave estivesse soprando, em vez de chamas.

Atraído por essa experiência majestosa, ele se aproximou do arbusto e subitamente ouviu uma voz: "Moisés, tire seus sapatos! Você está em solo sagrado." A voz vinha do arbusto. Ao se aproximar, deixando seus sapatos para trás, ele não sentiu calor algum. Ao contrário, sentia-se refrescado. E o diálogo que se seguiu, e que culminou nos Dez Mandamentos, não foi com uma pessoa, mas com uma voz invisível vinda daquele arbusto verdejante.

Os teólogos têm tentado entender o significado disso. No que me diz respeito, não sou um teólogo, mas posso entender um pouco de poesia, e penso que é uma declaração poética, e não uma questão teológica. Quando você olha para isso como uma declaração poética, toda confusão desaparece. O que está sendo dito é que a vida, ou Deus, é uma energia refrescante, tão criativa, tão não-destrutiva que, mesmo dentro de suas chamas, um arbusto permanecerá verdejante, crescerá e irá florescer.

Aceite essa energia vital, aquilo que um grande filósofo, Bergson, costumava chamar de élan vital. Essa força de vida não é algo que se deva temer. Você tem que criar uma comunhão com essa energia de vida, um diálogo, e ficará imensamente enriquecido, e não queimado. Pela primeira vez, sua primavera virá e suas flores irão se abrir.

Muitas das antigas parábolas e histórias são, na verdade, declarações poéticas, mas os teólogos destruíram sua beleza e sua poesia arrastando-as e tentando provar que são fatos históricos. Não são fatos, estão muito acima disso: são criações poéticas e expressões poéticas.

Testemunhar

Ao testemunhar, a mente permanece sendo apenas um biocomputador, um mecanismo, mas está separada de você. Você já não se identifica com ela. Quando desejar qualquer memória, poderá usar a sua mente, da mesma forma como você pode ligar seu gravador. A mente é realmente um gravador. Mas não está continuamente ligada, não fica vinte e quatro horas ligada. Quando necessário, a testemunha – o homem de meditação, o homem de percepção – é capaz de ligar ou desligar a mente. Ele liga a mente apenas quando é necessário.

Se estou falando com você, tenho que ligar a mente pois, de outra forma, a linguagem não seria possível. A não-mente é silenciosa, não há linguagem; apenas a mente pode fornecer a linguagem. Tenho que usá-la para me relacionar com sua mente. Essa é a única forma através da qual posso me relacionar com sua mente, então eu ligo a minha.

Quando retorno e me sento no meu quarto, desligo. No meu quarto não preciso de minha mente. Quando minha secretária me traz cartas ou algum outro trabalho, digo a ela: "Oi!" E, dentro de mim, eu digo: "Oi, mente. Minha secretária chegou!" Fora isso, não há necessidade para a mente.

Quando você é a testemunha, a mente permanece lá, mas não trabalha constantemente. Sua identificação com ela é rompida. Você é o observador e a mente é a observada. É um belo mecanismo, um dos mais belos mecanismos que a natureza lhe deu.

Então você pode usá-lo quando necessário para a memória factual – números de telefone, endereços, nomes, rostos... É uma boa ferramenta, mas isso é tudo que ela é.

Timidez

A timidez é sempre o efeito colateral de um ego muito sutil. A timidez nunca é o problema em si, é um sintoma de que você tem um ego muito sutil. Nesse caso, com as coisas familiares não há problemas, mas em relação àquilo que não é familiar há perigo. Você sabe como lidar com as coisas familiares: o ego sabe o que fazer e como permanecer no controle. Com aquilo que não é familiar, com o desconhecido, ele fica perdido porque não sabe como reagir ao desconhecido. Então ele se encolhe, se retrai, e essa sensação de retração é chamada de "timidez".

A timidez é sempre parte do ego. Quando mais uma pessoa dá valor a seu ego, mais tímida será, porque não pode se abrir a novas situações. As novas situações podem mostrar que essa pessoa é tola. As novas situações podem deixá-la desconcertada, podem puxar o tapete sob seus pés.

Então a timidez nunca é, de fato, o problema, é apenas um sintoma. Mas através dos tempos ela foi vista como uma qualidade boa, porque protege o ego! Costumamos acreditar que uma pessoa tímida é uma boa pessoa, pacífica – mas ela não é. Sua agressão é muito sutil. Essa pessoa se mantém à distância, e essa distância é apenas uma estratégia. Se as coisas saírem do controle, é possível escapar. A pessoa nunca se envolve de fato, permanece na periferia e diz a si mesma: "Sou tímida, é por isso que não me misturo aos outros, não me comunico com novas pessoas, não me relaciono." Essa timidez é apenas uma desculpa. Encobre muitas coisas, mas, basicamente, protege o ego.

Totalidade

Basta olhar para uma criança de três anos e você verá o que a vitalidade deveria ser, quão feliz ela é, quão sensível a tudo que continua acontecendo a seu redor, quão alerta, observadora: nada escapa a seu olhar. E como é intensa em tudo que faz: se está zangada, ela é apenas pura raiva, por inteiro. É belo observar uma criança com raiva, porque as pessoas mais velhas se colocam sempre pela metade nas coisas – mesmo que estejam zangadas, não estão totalmente zangadas, estão segurando uma parte da raiva. Elas não amam por inteiro, não se zangam por inteiro, não fazem nada por inteiro, estão sempre calculando as coisas. Sua vida tornou-se apenas "morna". Nunca atinge aquela intensidade de cem graus, na qual as coisas se evaporam, onde algo acontece, onde as revoluções se tornam possíveis.

Mas uma criança vive sempre a cem graus – não importa o que esteja fazendo. Se ela odeia você, odeia totalmente, e se ama você, ama totalmente. Em um único momento pode mudar de uma coisa para outra. É tão rápida, não gasta tempo, ela não rumina a respeito. Apenas um instante atrás estava sentada em seu colo dizendo o quanto amava você. Então você diz alguma coisa ou acontece algo de que ela não gosta, ela pula de seu colo e diz: "Nunca mais quero ver você novamente." E nos olhos dela está a totalidade desse sentimento.

E porque ela se entrega a isso totalmente, não deixa nenhum rastro para trás. Essa é a beleza da totalidade: ela não acumula uma memória psicológica. A memória psicológica é criada apenas pelas vivências parciais. Nesse caso, tudo que você tenha vivido apenas parcialmente continua a seu redor, há uma ressaca que continua por toda a sua vida. E milhares de coisas ficam lá, inacabadas.

Essa é a teoria do carma: trabalhos incompletos, ações incompletas que continuam esperando para ser terminadas, completadas, e permanecem perturbando você com um pedido: "complete-me", porque toda ação deseja ser terminada.

Mas se você viver totalmente, intensamente, então estará livre, pois já terá vivido o momento e depois tudo estará acabado. Você não olha para trás e nem para a frente. Simplesmente permanece aqui e agora, sem passado, sem futuro.

Trabalho

Uma vez um homem veio me ver. Ele era motorista de ônibus. É claro que dirigir um ônibus em uma cidade como Bombaim ou

Déli, onde todo o trânsito é neurótico, faz com que uma pessoa esteja continuamente a ponto de ter um ataque nervoso. Ele estava muito nervoso, tremendo.

Ele me disse: "Quero me livrar desse trabalho. Não posso agüentar! Não consigo dormir, me dá pesadelos. E dirigir todo dia em um trânsito tão louco me impede de relaxar, mesmo que seja por um momento sequer."

Então respondi: "Tente essa meditação que irei lhe dar, faça isso durante sete dias. Encare isso tudo como um desafio: as pessoas estão correndo no meio da rua e fazendo uma grande bagunça. Imagine que elas estão apenas criando uma situação para testar suas habilidades. Então pense nisso como um jogo. Pense nisso como uma situação na qual sua energia está sendo colocada à prova e toda sua habilidade está sendo julgada."

Ele gostou dessa idéia e, sete dias depois, veio me ver e disse: "Funcionou... fantástico! Agora não me preocupo mais com a rua, me divirto com ela! Quanto mais caótica estiver, mais eu me divirto. É realmente interessante como posso evitar todos os problemas do trânsito. Quando volto para casa, retorno quase como se tivesse vencido uma partida, recebido uma medalha de ouro nas Olimpíadas!"

Encare seu trabalho como um jogo e divirta-se com ele. Tudo é um desafio.

Tradição

O que você pode obter seguindo uma tradição? Você irá se tornar um imitador. Uma tradição significa algo relativo ao passado, e a iluminação precisa acontecer agora! A tradição pode ser muito antiga: quanto mais antiga for, mais morta estará.

Uma tradição nada mais é que pegadas na areia do tempo – pegadas das pessoas iluminadas –, mas essas pegadas não são iluminadas. Você pode seguir essas pegadas muito religiosamente, mas elas não irão levá-lo a lugar algum, porque cada pessoa é única. Se você se lembrar da singularidade de cada pessoa, então seguir alguém não irá ajudá-lo, porque não pode haver uma rotina fixada.

Essa é a diferença entre a ciência e a religião: a ciência depende da tradição. Sem Newton, sem Edison, não seria possível que Albert Einstein existisse. Ela precisa de uma determinada tradição. É apenas através dessa tradição, nos ombros dos gigantes do passado deste mundo da ciência, que ela pode existir. É claro que, quando você fica de pé sobre os ombros de outra pessoa, pode ver um pouco mais longe do que essa pessoa, mas é necessário que a pessoa esteja lá, para começar.

A ciência é uma tradição, mas a religião não: é uma experiência individual, completamente individual. Uma vez que algo seja conhecido no mundo da ciência, não precisa ser descoberto de novo, isso seria tolo. Não é necessário descobrir a teoria da gravitação, Newton já o fez. Você não precisa ficar sentado sob uma árvore, esperando uma maçã cair para então concluir que deve haver alguma força na Terra que a puxa para baixo. Newton já o fez, agora tornou-se parte da tradição humana. Pode ser ensinado a qualquer pessoa que tenha um pouco de inteligência. Até as crianças aprendem isso na escola.

No entanto, na religião é preciso descobrir tudo repetidamente. Nenhuma descoberta se torna uma herança na religião. Buda descobriu algo, mas isso não significa que você possa apenas seguir o Buda. O Buda era único, você é único de outra forma, e portanto saber como o Buda chegou à verdade não irá ajudá-lo. Você foi construído de outra forma, portanto suas portas podem estar em outros lugares. Se você apenas seguir o Buda cegamente, o próprio ato de segui-lo será um engano.

As tradições não podem ser seguidas. Você pode compreendê-las e essa compreensão pode ser de enorme valor, mas há uma grande diferença entre segui-las e compreendê-las.

Traição

Há apenas uma traição e ela consiste em trair sua própria vida. Não há outra traição. Se você continuar a viver com um cônjuge resmungão, possessivo, sem qualquer amor, você estará destruindo suas próprias oportunidades. No Talmude há uma passagem na qual Deus pergunta: “Eu lhe dei tantas oportunidades para ser feliz. Por que você as perdeu?” Ele não quer saber que pecados você cometeu, ele deseja saber quais as oportunidades para obter a felicidade você perdeu. Você é responsável por elas. Isto tem uma enorme beleza: você é responsável apenas pelas oportunidades que estiveram à sua disposição e que você perdeu.

Permaneça fiel a si mesmo – essa é a única fé necessária – e tudo estará bem.

Transcendência

A transcendência é exatamente o que define a meditação. Cada um de nós precisa transcender três coisas para que a quarta seja alcançada. A quarta coisa é nossa verdadeira a natureza. Gurdjieff costumava chamar isso de "o quarto caminho", e, no Oriente, temos chamado o estado último do ser de *turiya*, "o quarto".

Temos que transcender o corpo – essa é nossa borda mais externa. Temos que nos tornar perceptivos de que *estamos* no corpo, mas não *somos* o corpo. O corpo é belo e precisamos cuidar dele, é preciso amar o próprio corpo. Ele está servindo a você da forma mais bela. Nunca devemos nos colocar de forma antagônica ao corpo.

As religiões ensinam as pessoas a renegarem seus corpos, a torturarem seus corpos. Chamam isso de "asceticismo". Isso é uma completa estupidez! Pensam que, se torturarem o corpo, serão capazes de transcendê-lo. Estão completamente errados.

A única forma de transcendência é através da percepção, não da tortura. Não há sentido nessa tortura! Você não tortura sua casa: você sabe que você não é sua casa, ela é apenas uma moradia. Basta ter essa percepção. Não é preciso jejuar, não é preciso ficar apoiado sobre sua cabeça, não é necessário contorcer seu corpo em mil e uma posturas. Apenas observe, torne-se perceptivo, isso basta. A mesma coisa é a chave para outras duas transcendências.

Em segundo lugar, você tem que transcender a mente. Ela é um segundo círculo concêntrico, que está mais próximo de seu ser do que seu corpo. O corpo é mais grosseiro, a mente é mais sutil, e depois há algo ainda mais sutil: seu coração – o mundo de seus sentimentos, emoções, humores. Mas a chave é a mesma.

Comece pelo corpo porque ele é a coisa mais fácil de ser observada. É um objeto. Pensamentos também são objetos, mas são menos visíveis. Uma vez que tenha se tornado perceptivo em relação ao corpo, você também será capaz de observar seus pensamentos. E uma vez que tenha se tornado perceptivo de seus pensamentos, você será capaz de observar seus humores também, mas estes são os mais sutis. Então é apenas no terceiro estado que essa percepção deve ser buscada. Uma vez que uma pessoa passe a estar perceptiva desses três círculos concêntricos em torno de seu próprio centro, o quarto surge por conta própria. Subitamente você sabe quem você é – não verbalmente, porque não recebe uma resposta, não pode explicar isso a ninguém, mas você sabe. Da mesma forma que sabe quando tem uma dor de cabeça, está com fome ou sede, ou ainda que se apaixonou.

Você não pode provar isso, não há como provar isso, mas você *sabe*. E esse saber é evidente em si mesmo: não há como suspeitar dele, é inquestionável. Quando alguém atinge o quarto estágio, esse alguém transcendeu o mundo.

Eu não ensino a renúncia ao mundo. Ensino a transcendência do mundo, e esse é o caminho.

Transformação

O maior desejo em nosso mundo é o de transformação interior. O desejo por dinheiro não é nada, o desejo por mais poder ou prestígio não é nada. O grande desejo é o desejo espiritual. E, uma vez que você tenha sido tomado por esse desejo, irá permanecer miserável para sempre.

A transformação é possível, mas não através do desejo. Ela só será possível através do relaxamento em direção àquilo que é, seja o que for. Aceitar a si mesmo de forma incondicional gera uma transformação.

Trindade

Os upanixades falam a respeito de duas trindades. Uma é chamada de *Satyam Shivam Sunderam*. *Satyam* significa verdade; *Shivam*, bem, virtude, bondade; *Sunderam*, beleza.

Falam ainda de outra trindade: *Satchitanand* – *Sat*, *chit*, *anand*. *Sat* significa ser, *chit*, consciência, *anand*, êxtase.

Essas duas trindades são muito mais belas e possuem um significado muito maior do que a trindade cristã do Deus pai, Cristo filho e o Espírito santo. Comparadas as duas trindades dos upanixades, a trindade cristã parece muito imatura e infantil.

Quando Sigmund Freud disse que o Deus pai nada mais era do que um profundo desejo de uma pessoa imatura de agarrar-se ao pai, à idéia do pai, que era uma fixação na figura do pai, ele estava certo. Mas ele nunca havia ouvido falar sobre *Satyam Shivam Sunderam* ou *Satchitanand*. Ele não teria sido capaz de dizer nada negativo a respeito dessas visões profundas.

U

Útero

Algumas pessoas nunca saem do útero. Mesmo quando estão morrendo, continuam precisando da presença dos outros, do contato, do relacionamento. Elas nunca saíram do útero. Fisicamente saíram há dezenas de anos – talvez com 80 ou 90 anos. Noventa anos atrás, essa pessoa saiu do útero, mas, durante todos esses anos, ela viveu em permanente contato, procurando, sempre ansiosa por um contato físico. Viveu em um útero perdido repetidamente em seus sonhos.

Diz-se que quando um homem se apaixona por uma mulher – seja lá o que for que ele pense, essa não é a questão – ele está retornando ao útero. E pode ser, é quase certo – digo "pode ser" porque ainda não é uma hipótese cientificamente provada – que o desejo de penetrar no corpo da mulher, o desejo sexual, não seja nada além de um substituto desse retorno ao útero. Toda a sexualidade pode ser uma busca para retornar ao útero. E os psicólogos dizem que, em todas as múltiplas formas que os homens inventaram para ficar confortáveis, eles estão tentando criar um útero do lado de fora. Repare em um quarto: se for realmente confortável, precisa ter algo em comum com o útero – a temperatura, o aconchego, os tecidos macios... o toque interior da pele da mãe. Os travesseiros, a cama, tudo lhe dá uma sensação de conforto apenas quando está, de alguma forma, relacionado ao útero.

Tempos atrás criaram esses pequenos tanques, parecidos com um útero. Enchem esses tanques com água morna, exatamente na mesma temperatura que um útero materno. Na escuridão profunda, o homem pode flutuar dentro desse tanque, completamente confortável: na escuridão, exatamente como no útero. Eles os chamam de "tanques de meditação". Isso ajuda. A pessoa se sente muito silenciosa, surge uma felicidade interior, se torna novamente uma criança. Uma criança no útero flutua em um líquido a uma determinada temperatura. O líquido possui os mesmos ingredientes do mar, a mesma água salgada com os mesmos elementos. Como enquanto estão no útero as mesmas condições do mar precisam ser mantidas, os cientistas concluíram que os homens devem ter evoluído a partir dos peixes.

Todo conforto é, no fundo, semelhante a um útero. E sempre que você estiver deitado com uma mulher, enroscado, irá sentir-se bem. Todo homem, não importa quão velho seja, se torna uma criança novamente, e toda mulher, não importa quão jovem, se torna uma mãe novamente. Sempre que estão numa relação amorosa, a mulher começa a assumir o papel da mãe, e o homem, o do bebê. Mesmo uma jovem se torna uma mãe e até mesmo um velho se torna uma criança.

V

Vazio

Sempre que ouvimos a palavra "vazio", pensamos em algo negativo. Na linguagem do Buda, o vazio não é negativo. É absolutamente positivo, mais positivo do que aquilo que você chama de plenitude, porque o vazio está cheio de liberdade: todo o resto foi removido. É espaçoso, pois todas as cercas foram removidas. Não possui limites, e somente em um espaço sem limites a liberdade é possível. O vazio do Buda não é um vazio comum, não é apenas a ausência de algo, é a presença de algo invisível.

Pensem, por exemplo, no que acontece quando esvazia seu quarto: conforme você vai removendo os móveis, os quadros e todas as outras coisas que estavam dentro dele, o quarto fica vazio – não há mais móveis, quadros, nada sobrou lá dentro. Por outro lado, algo invisível começa a preencher aquele espaço. Essa coisa invisível é a "espacialidade". Conforme você remove as coisas, o quarto vai se tornando cada vez maior. Quando tudo tiver sido removido, até mesmo as paredes, então o quarto será tão grande quanto todo o céu.

O processo de meditação é similar: remover tudo, remover até a si próprio tão completamente que nada sobre, nem mesmo você. Nesse silêncio completo se encontra a liberdade.

Velhice

As estações são belas e, acompanhando as estações, a cada momento você se torna novo. A cada momento surge um novo sentimento, uma nova nuança de ser. Novos olhos em uma nova face.

Como dizer, então, que uma pessoa velha é feia? Uma mulher velha só será feia se continuar tentando se passar por jovem. Nesse caso, seu rosto estará cheio de batom e maquiagem, todo pintado, e ela ficará feia. Mas, se uma mulher velha aceitar com naturalidade sua velhice, como deveria ser, então você não poderá encontrar um rosto mais belo do que o rosto de um velho, um rosto enrugado pelo tempo. Enrugado durante muitas estações, amadurecido, cheio de experiências, maduro, desenvolvido. Aí está sua beleza.

VENERAÇÃO

Por "veneração" quero dizer admiração, fascínio, amor. Não estou falando de nenhum tipo de veneração formal. Não estou falando sobre ir a um templo e venerar uma estátua. A veneração é uma nova visão, um novo insight sobre a realidade.

Quando uma criança olhar para o sol nascendo, observe seus olhos – isso é veneração. Ela fica tão enlevada, tão fascinada... Quando a criança olhar para o céu em uma noite estrelada, observe seus olhos – aquelas estrelas refletidas em seus olhos, aquilo é veneração.

Uma criança sabe o que é veneração, mas nós nos esquecemos, porque esquecemos a linguagem da admiração. Nos tornamos demasiado entendidos e conhecedores. Quando o sol se levanta, sabemos o que é. Ninguém realmente *sabe*, mas estivemos no colégio, na universidade, temos diplomas e conhecimentos. Quando uma flor desabrocha, conhecemos o nome da flor, a que espécie ela pertence, de que país ela vem.

Mas essas coisas não têm sentido, são irrelevantes. Algo de maravilhoso está acontecendo: a flor se abriu, liberou sua fragrância. A flor está linda e viva, e tudo que você vai fazer é rotulá-la? Dirá: "Esta é uma rosa." E você pensa que conheceu algo simplesmente porque lhe deu um nome? Está enganado. Você desmistificou a flor e, portanto, deixou de se admirar com ela. Se proceder de outra forma, cada flor irá fazer vibrar seu coração, cada estrela irá gerar uma nova pulsação e cada pássaro começará a cantar com você.

A vida é tão psicodélica, tão cheia de esplendor! Admirar a vida, deixar-se fascinar por ela, isto é veneração. E então, em algum momento desconhecido, você será capaz de se curvar à existência. Você irá se ajoelhar na terra, ou atirar-se na areia, numa grande oração, num grande amor, como se a terra fosse sua mãe – porque ela *é*. A existência é sua mãe, e um grande amor tomará conta de você. Esse amor é veneração.

VERDADE

A verdade está além da estrutura. Só é possível chegar até ela quando você se encontra em um estado de consciência não-estruturado. Ela vem apenas quando não há uma expectativa em torno dela, nem mesmo uma preparação, porque toda preparação gera expectativa. A verdade vem sem ser percebida, como uma surpresa. Você não pode gerenciar e fabricar a verdade: ela virá quando vier.

Não há caminho para a verdade. Esta é uma das coisas mais fundamentais a serem compreendidas: não há caminhos que levem à verdade. Todos os caminhos serão desvios, porque ter um caminho significa que você já decidiu o que é a verdade. Você decidiu a direção, a dimensão, como abordá-la, que disciplina seguir, que doutrina adotar. Qualquer lugar que você atinja será apenas uma projeção de sua própria mente. Não quero dizer que você não chegará a lugar algum: certamente chegará, mas será apenas sua própria mente brincando consigo mesma. Não há caminho para a verdade, porque a mente é a barreira, mas é ela que cria os caminhos. A mente precisa ir embora. Ela precisa cessar sua atividade para que a verdade possa surgir. A mente é a estrutura.

A verdade também não é uma disciplina, porque a verdade é liberdade. A verdade é um pássaro em vôo, não um pássaro engaiolado. Ainda que a gaiola seja de ouro, crivada de diamantes, uma gaiola continua sendo uma gaiola e não pode conter a liberdade. A verdade nunca pode tornar-se uma prisioneira – sua qualidade intrínseca é a liberdade. Apenas aqueles capazes de ser livres chegarão a ela.

VERTICAL

O tempo consiste em dois momentos, e não três. O presente não é parte do tempo. O passado é tempo, o futuro é tempo. O presente é quando aquilo que está *além* penetra no mundo do tempo.

Você pode pensar no tempo como uma reta horizontal. A é seguido por B, B é seguido por C, C é seguido por D, e assim por diante: é uma progressão linear. Mas a existência não é horizontal, ela é vertical. Ela não se move em uma reta – de A para B, de B para C. Ela se move em intensidade: de A para um A mais profundo, desse A mais profundo para um outro A ainda mais profundo. A existência é um mergulho no momento.

Conceber o tempo como algo que tenha passado e futuro é a linguagem da mente, e ela só é capaz de criar problemas, não conhece nenhuma solução. Todos os problemas que a humanidade tem são invenções da mente. A existência é um mistério, não um problema. Não é algo a ser resolvido, mas a ser vivido.

VIDA

A vida é a única verdade que há. Não há outro Deus senão a vida. Então permita a si mesmo ser possuído por ela em todas as suas formas, cores, dimensões e notas musicais. Se você puder realizar esse ato tão simples... É simples porque é apenas uma questão de deixar fluir. Não empurre o rio, deixe que ele o leve ao oceano. Ele já está a caminho. Relaxe, não fique tenso nem tente ser espiritual.

Não crie nenhuma divisão entre matéria e espírito. A existência é única, a matéria e o espírito são simplesmente dois lados da mesma moeda. Relaxe, descanse, e vá fluindo com o rio. Seja um jogador e não um homem de negócios: assim, você conhecerá Deus melhor porque um jogador pode se arriscar. Ele não calcula, pode colocar tudo que possui em jogo. Mas a excitação de um jogador quando ele aposta tudo e espera... o que irá ocorrer agora? Nesse exato momento uma janela pode se abrir. Esse exato momento pode tornar-se uma transformação de sua visão de mundo interior.

Seja um beberrão, inebriado com a vida, com o vinho da existência. Não permaneça sóbrio. Uma pessoa sóbria está morta. Beba o vinho da vida. Ele possui tanta poesia, tanto amor e tanto sabor... Você pode trazer a primavera a qualquer momento. Apenas chame a primavera e deixe que o sol, o vento e a chuva penetrem em você.

VIOLÊNCIA

Durante milhares de anos temos trabalhado para fazer desse planeta um grande hospício, e infelizmente conseguimos. Em toda parte as mesmas coisas se repetem: as pessoas estão se matando umas às outras, há violência pelo simples motivo que nós, de maneira muito sutil, não permitimos que as pessoas usem suas energias de formas criativas. E, sempre que as energias criativas são bloqueadas, tornam-se destrutivas.

A violência não é o verdadeiro problema. O verdadeiro problema é como ajudar as pessoas a serem criativas. Uma pessoa criativa não pode ser violenta porque suas energias estão se movendo em direção ao divino. Dizemos que Deus é o criador. Sempre que você está criando algo, você participa do divino. Então você não pode ser violento, não pode ser destrutivo; isso é impossível.

Contudo, por milhares de anos destruímos todas as portas possíveis para a criatividade. Em vez de ajudar as pessoas a serem criativas, nós a treinamos para serem destrutivas. Guerreiros, soldados: nós os respeitamos demais.

Precisamos de amantes, não de combatentes. Mas o amor é condenado e a violência valorizada. É mais fácil brigar com uma pessoa e decidir quem está certo. A lei do mais forte – a lei da selva continua valendo.

Dizemos que os homens são civilizados... Eles ainda têm que se tornar civilizados. Essa é apenas uma idéia que ainda não foi concretizada. Os homens são civilizados apenas superficialmente, é apenas uma camada de verniz. Basta arranhar essa superfície e você irá encontrar o animal por baixo – uma besta feroz, muito mais feroz que qualquer animal selvagem.

Nenhum animal, por mais selvagem que seja, usa bombas – bombas atômicas, bombas de hidrogênio. Comparado aos homens e à sua violência, qualquer animal fica muito aquém.

Virgindade

A "imaculada conceição", ou o nascimento virgem, não tem nada a ver com a virgindade biológica: isso é completamente sem sentido. Jesus não nasceu de uma mãe biologicamente virgem. Mas, nesse caso, o que significa dizer que Maria era virgem?

Virgem significa completamente puro, tão puro que não há sexualidade na mente. Não se trata do corpo, mas da mente, que era tão pura que não havia idéia de sexualidade. Em nosso núcleo mais profundo, todos somos virgens. A virgindade significa uma pureza no amor. Jesus deve ter nascido a partir de um grande amor. O amor é sempre virgem. Ele transcende o sexo, e esse é o sentido da virgindade.

Mas existem pessoas tolas em toda parte, e essas pessoas continuam insistindo que Jesus nasceu de uma mãe virgem. Fazem dele motivo de risadas. E, por causa de suas tolices, uma grande parábola, uma grande metáfora, perde todo o seu significado.

VIRTUDE

A verdadeira virtude não está relacionada com a moralidade. Há uma frase profunda, cheia de significado, de Sócrates. Ele disse: "Conhecimento é virtude." Por conhecimento ele queria dizer sabedoria, compreensão, porque toda sua ênfase era em "Conhece a ti mesmo". É isso que quero dizer quando falo em ser consciente, porque é apenas a consciência que torna você capaz de conhecer a si mesmo. A partir do momento em que você tiver conhecido a si mesmo, não poderá fazer nada de mal a ninguém. É impossível. Você não pode ser destrutivo.

Quando está enxergando perfeitamente bem, você tentará atravessar uma parede? Você enxerga, então sabe onde está a porta e irá passar por ela. Mas, se você tiver uma venda cobrindo seus olhos, vai se enganar. Sairá tateando ao redor – talvez tente de fato atravessar a parede ou sair por uma janela. Você não saberá mais onde está a porta, e perguntará aos outros onde ela fica. Mas, pensando em termos da vida, a cada momento você está em uma casa diferente, e a cada momento a própria casa muda. Algumas vezes a porta estará à direita, outras vezes à esquerda. Ou quem sabe estará atrás, e outras vezes na sua frente? Os outros não poderão ajudar muito, porque a porta muda de lugar o tempo todo.

Você precisa remover a venda, olhar com seus próprios olhos. Nesse caso, não terá o que perguntar, não terá que pensar onde está a porta sempre que quiser sair: basta olhar e você saberá onda a porta está.

É isso que a consciência lhe dá: um insight, uma nova visão, um novo olho – aquilo que, no Oriente, chamamos de "terceiro olho". É apenas uma metáfora, mas há alguns tolos que tentarão dissecar um cadáver para saber onde fica o terceiro olho. Esses tolos podem ser grandes especialistas ou cientistas, mas isso não faz diferença alguma. Eles não entenderam a metáfora, não entenderam a poesia das palavras. É apenas uma expressão. O terceiro olho não existe no corpo físico, é apenas uma forma de dizer que você descobriu como olhar diretamente para a realidade, que se tornou consciente. E a partir dessa consciência surge a virtude.

Lembre-se, contudo, de que, se a virtude for imposta de fora, será uma união forçada. Quando vem de dentro, ela possui uma individualidade. Nesse caso, não é como uma roupa pré-fabricada, mas algo feito sob medida, criado por sua consciência. Está em total harmonia com o seu ser.

Moisés escreveu aqueles Dez Mandamentos há três mil anos, mas há tolos que continuam a segui-los. Os Dez Mandamentos eram perfeitamente adequados para Moisés, mas não são servem para mais ninguém. Vieram de sua consciência. Essa é a parábola – de que eles foram ditados a Moisés por Deus –, essa é uma forma antiga de dizer que alguém se tornou tão consciente que essa pessoa sabe o que é a verdade, o que é Deus. Sua experiência da verdade definitiva deu origem aos Dez Mandamentos, que diziam respeito apenas a ele e a mais ninguém. Na Índia, os hindus têm seguido a disciplina e as regras de Manu, que é ainda mais antigo que Moisés – data de cinco mil anos atrás. Elas podem ter sido perfeitas para Manu, mas não são adequadas para mais ninguém.

Insisto nesse ponto, de que cada pessoa precisa encontrar sua própria religião, sua própria moralidade, sua própria virtude. Somente assim a virtude terá sua própria assinatura. Então estará viva, respirando, e as coisas que você fizer terão uma única razão: serão aquilo que é certo fazer. É o que seu coração deseja fazer. Nesse caso, você não espera nenhuma recompensa no paraíso, não está cobiçando nada e também não está com medo do inferno, de ser punido. Você está fazendo exatamente o que seu insight está lhe dizendo para fazer – seja qual for o resultado, seja qual for a conseqüência final.

Ninguém que tenha uma consciência profunda se importa com as conseqüências. Essa pessoa age imediatamente, responde à realidade diretamente – e isso é tudo. Ela desfruta dos momentos em que age de acordo com a realidade, com todo o seu ser. Desfruta da harmonia, desse encontro, dessa junção, dessa união.

VITÓRIA

No Japão, antes que dois lutadores comecem um combate, há um ritual: primeiro eles se saúdam mutuamente, curvando-se. Isso é muito simbólico.

A explicação zen é que, quer seja vencido ou vença, isso não importa, todos precisam uns dos outros, todos dependem uns dos outros. Se você for derrotado e o outro houver vencido, ele precisa curvar-se para você porque sem você ele não poderia ter vencido. A vitória dele depende de sua derrota, portanto ele precisa agradecer. Não pode pensar que foi uma vitória exclusivamente dele. Ele não poderia ser vitorioso sozinho: sem você ele não seria nada, então precisa sentir-se agradecido a você. Dessa forma, mesmo uma vitória não cria uma *ego trip*. E, se você for derrotado, sabendo que é apenas um jogo, não há nada sério com que se preocupar, não será uma questão, um problema.

No México há uma antiga tradição segundo a qual o pai precisa dar recompensas, brinquedos, coisas, a toda criança, não importando seus sucessos ou fracassos na vida. Se uma criança tiver sido a primeira da turma, então receberá uma recompensa. Aquela que foi a última, também. Não há diferença, é irrelevante. Isso é um enorme insight: não importa se você falhar ou for bem-sucedido, tudo é um jogo. Você será recompensado da mesma forma.

Os psicólogos que estudaram isso concluíram que as crianças mexicanas se sentem mais tranqüilas com a vida – despreocupadas, sem tensão, mais relaxadas. Em sua maioria, as crianças se tornam muito tensas bem cedo, desde cinco ou seis anos de idade, e carregam todos os fardos da Terra. Ficam tensas, preocupadas e com medo, sem saber se irão obter sucesso ou não.

Nós destruímos a infância e estamos criando o veneno da ambição. Estamos tornando as coisas muito sérias: se uma criança chegar primeiro isso é algo extraordinário, se chegar em segundo é porque não foi capaz de superar os padrões e irá carregar essa ferida para sempre. Se uma criança não é capaz de chegar sempre em primeiro, irá carregar um complexo de inferioridade. E quando uma criança volta para casa sem ter tido sucesso, ninguém sequer olha para ela, todos os olhares são condenatórios. Estamos tornando as coisas desnecessariamente sérias.

Votos

A vida nunca é alterada por votos que você venha a fazer, a vida é alterada pela percepção. Nunca faça um voto, isso significa apenas que você está se forçando a fazer algo.

Quando há compreensão, não é necessário fazer votos, sua compreensão já basta. Você verá que algo está errado e irá parar com essa ação. Ver já é o bastante, compreender já é o bastante, não é necessária uma outra disciplina. Sempre que você precisar de outra disciplina, significa que falta algo em sua compreensão, que há uma falha em sua compreensão.

Voz interior

Há muitas pessoas que continuam ouvindo "vozes interiores". Essas vozes interiores são pura besteira. São apenas fragmentos de sua mente, sem nenhum valor. Algumas vezes você pode pensar que está ouvindo um guia interior ou algum mestre do além – mestre KH, ou algum espírito, talvez um espírito tibetano –, e pode continuar imaginando essas coisas. Você estará simplesmente enganando a si mesmo.

Todas essas vozes são seus fragmentos. Se você continuar seguindo-as, ficará maluco, porque uma parte irá puxá-lo para o norte, outra parte para o sul. Você irá começar a se desmembrar. Isso é uma neurose – você tem que aprender a observar todas essas vozes. Não confie em nenhuma delas. Confie apenas no silêncio. Não confie em nenhuma voz, porque todas elas vêm da mente. E você não tem apenas uma mente – tem muitas.

Essa falácia persiste: achamos que temos apenas uma mente. Isso está errado. Você tem muitas mentes. Pela manhã, uma mente está no controle. Na hora do almoço, outra mente terá o controle. No final da tarde haverá uma terceira mente, e você tem muitas delas. Gurdjieff costumava dizer que você possui muitos "eus", e Mahavira disse que os homens são polipsíquicos. Você é uma multidão! Se continuar ouvindo todas essas vozes, seguindo o que elas dizem, estará destruindo toda a sua vida.

Vulnerabilidade

O êxtase é um banho de chuva. Quando ele realmente ocorrer, será quase como um banho de chuva. Quando ele acontecer, você ficará encharcado com ele, banhado nele. E tudo que é necessário para permitir que o êxtase aconteça é a vulnerabilidade, nada mais. Você só não deve se proteger contra isso.

X

XYZ

Toda arte precisa atingir um ponto no qual as tecnologias são deixadas de lado. Toda meditação precisa atingir o ponto no qual os métodos são abandonados. Eles são bons para os iniciantes, para aprender o básico, mas, quando já atingiu XYZ, o final do dicionário, eles não são mais úteis.

Em silêncio, você está cheio de música. Sem se mover, está dançando. Sem qualquer pensamento, sem nenhum sentimento dentro de você, há apenas pura graça, uma gratidão emanando de você, assim como uma fragrância emana de uma flor de lótus.

Cada um precisa atingir esse ponto, pois somente então se sentirá pleno. Somente então terá atingido seu destino.

Y

Yin/Yang

Você já viu o símbolo chinês de yin e yang? São dois peixes formando um círculo, um peixe em um semi-círculo, o outro em outro semicírculo. Mas os dois peixes se completam, criando um todo. O yin significa o feminino, enquanto o yang significa o masculino.

Isso é aplicável a todas as polaridades: positivo e negativo. São exatamente como dois peixes se movendo tão próximos que formam um círculo.

A partir daí você pode olhar a existência com os olhos de uma pessoa religiosa. Não há santo, não há pecador: são complementares uns aos outros. Ambos são necessários de certa forma. E podemos encontrar formas para que eles se complementem melhor uns aos outros, com mais lucidez, mais graciosidade, mais beleza.

Z

ZEN

O zen é apenas o zen. Nada se compara a ele. É único, único no sentido de que é ao mesmo tempo a coisa mais ordinária e, ainda assim, a mais extraordinária que já aconteceu à consciência humana. É a coisa mais ordinária porque não acredita em conhecimento, não acredita em mente. Não é uma filosofia nem uma religião. É a aceitação da existência comum com todo o coração, com todo o ser de um indivíduo, sem desejar outro mundo, supramundano, supramental. O zen não possui interesse em nenhuma besteira esotérica, nenhum interesse na metafísica. Ele não deseja alcançar a outra margem: esta margem já basta. Sua aceitação desta margem é tão grande que, através dessa própria aceitação, o zen transforma esta margem, a tal ponto que esta mesma margem se torna a outra margem: esse mesmo corpo, o Buda; essa mesma terra, o paraíso de lótus.

ZERO

Você sabia que o budismo desapareceu da Índia em apenas quinhentos anos? O maior dos homens em toda a história da religião e ainda assim sua religião não pôde sobreviver nem mesmo durante quinhentos anos. Algo estava basicamente errado em sua abordagem. Não digo que ele não tenha compreendido a verdade: ele compreendeu a verdade, mas dizia coisas para as pessoas que não deveria ter dito. Ele dizia a verdade, mas as pessoas não estavam prontas para ouvi-la: elas queriam mentiras doces. Ele deveria ter contado uma mentira doce, de tal forma que as pessoas pudessem engolir a verdade amarga junto com ela.

Toda verdade precisa ser adoçada. Do contrário, não poderá ser engolida.

Buda dizia às pessoas: "Quando você atingir seu ponto mais profundo, irá desaparecer, *anatta* – nenhum eu, nenhum ser, nenhuma alma. Você será apenas um zero e este zero se fundirá ao zero universal." Isso é bem próximo da verdade final, mas foi dito de uma forma muito rude.

Quem deseja tornar-se um zero? As pessoas vieram procurar o êxtase eterno. Já estão cansadas, sofridas, em profunda angústia, perturbadas por todos os tipos de insanidades. E vieram procurar o mestre, mas o mestre diz: "O único remédio é tornar-se um zero." Em outras palavras, a doença pode ser curada apenas se o paciente for morto. Se for traduzido ao pé da letra, é exatamente o que isso significa. Naturalmente a doença irá desaparecer quando o paciente estiver morto, mas você veio para ser curado, não para ser morto.

Foi por razões intrínsecas que essa religião desapareceu em cinco séculos, e a razão básica foi que as pessoas não a acharam agradável, inspiradora, atraente. Era crua e verdadeira, mas quem quer a verdade nua e crua?

Eu tenho que falar sobre o êxtase, sobre as bênçãos, sobre milhares de lótus desabrochando em você. Assim você irá pensar que vale à pena. Se você puder sentar-se silenciosamente durante uma hora todos os dias, se milhares de lótus desabrocharem dentro de você, se houver milhares de sóis nascentes, então vale à pena separar uma hora a cada dia.

Mas a verdade é que não haverá lótus, não haverá sóis – apenas o mais puro nada.

Era isso que o Buda Gautama dizia às pessoas.

Por causa de sua influência, as pessoas o seguiam, mas, quando ele morreu, deixou grandes discípulos e, de alguma forma, a corrente continuou, mas foi se tornando cada vez menor. E quinhentos anos depois desapareceu completamente, porque não havia novas pessoas interessadas nisso. Ninguém desejava tornar-se apenas um zero e desaparecer. É melhor ser miserável e sofrer, mas pelo menos ser, porque assim haverá esperança de que algum dia seja possível sair da miséria e do sofrimento. Hoje você é pobre, mas um dia pode ficar rico. Hoje as coisas não estão boas, mas no futuro poderão estar. Não desanime: o futuro poderá lhe trazer boas notícias. Mas aquele homem dizia: "Renunciem ao mundo, renunciem a todos os prazeres do mundo." Para quê? Para tornar-se um zero!

As pessoas que seguiram o Buda não o seguiram pelo que ele estava dizendo, mas pelo que ele era. Quando ele desapareceu, apenas seus dizeres permaneceram, e ninguém mais estava disposto a ouvi-los.

Se você colocar o zero de um lado e o inferno do outro, as pessoas irão preferir o inferno – pelo menos lá elas poderão encontrar algum restaurante, uma discoteca. Tem que haver algo por lá, porque todas as pessoas legais e interessantes têm ido para o inferno. Apenas os chatos, os supostos "santos", completamente sem graça, sem tutano, têm ido para o paraíso. Todas as pessoas interessantes, os poetas, pintores, escultores, dançarinos, atores, músicos, todos eles estão indo para o inferno.

Então, dada a escolha entre o zero e o inferno, qualquer um com um mínimo de inteligência escolheria prontamente o inferno. Mas o zero...? No inferno há uma possibilidade de sair algum dia, quem sabe mesmo chegar ao paraíso. Mas do zero nada sobra, nem mesmo uma cópia xerox – tudo se foi, para todo o sempre.

Tentei ajudá-lo a caminhar em direção à verdade usando todo tipo de coisas, métodos, meditações, histórias, palavras, teorias, argumentos. Em si, não são verdadeiros, mas apontam o caminho em direção à verdade. Quando meu dedo aponta para a Lua, isso não significa que meu dedo é a Lua. Significa apenas: olhe para a Lua, não para o dedo – o dedo não é a Lua. Se você ficar preso ao dedo, irá dizer: "Você mentiu, isso não é a Lua."

Tudo que estou dizendo é que qualquer coisa que já tenha sido dita ou que possa ser dita é apenas a indicação de um caminho, é um dedo que aponta. Olhe a coisa para a qual se aponta, aquilo que não se pode saber, o que é misterioso, e então mova-se...

Zorba, o Buda

Todo o passado dos homens criou uma divisão nos homens. Há uma guerra civil constante em todo ser humano. Se você não se sente à vontade, o motivo não é pessoal. Sua doença é social.

A estratégia usada foi a de dividir você em dois campos inimigos: o Zorba e o Buda, o materialista e o espiritualista.

Na verdade, você não está realmente dividido. Na realidade,

você é um todo harmonioso. Mas sua mente foi condicionada para pensar que você não está inteiro: você tem que lutar contra seu corpo. Se quiser tornar-se um ser espiritual, seu corpo precisa ser conquistado, derrotado, destruído, torturado de todas as formas possíveis.

Eu gostaria que você fosse Zorba, o Grego e o Buda Gautama juntos, ao mesmo tempo. Menos que isso não basta. Zorba representa a terra com todas as suas flores e vales verdes, montanhas, rios e oceanos. Buda representa o céu com todas as suas estrelas, nuvens e arco-íris.

O céu sem a Terra estará vazio. O céu não pode rir sem a Terra. A Terra sem o céu estará morta. Se os dois estiverem juntos, haverá dança. A Terra e o céu dançando juntos – haverá risos, felicidade, celebração.

CONHEÇA OUTROS TÍTULOS DA EDITORA SEXTANTE

Osho

O livro da transformação

As histórias e parábolas desse livro são ferramentas para a autodescoberta. Cada uma delas aponta para um caminho de renovação e mudança acessível a cada um de nós. São ensinamentos preciosos que nos instigam a buscar a verdade dentro de nós mesmos e a alimentar nossa percepção.

O livro da transformação utiliza as mais tradicionais fontes de sabedoria do mundo. Há histórias sobre a paixão e o amor de Jesus, assim como sobre a pureza e a sabedoria de Buda. E como essas importantes lições são contadas de forma simples mas contundente, elas tocam fundo nossos corações.

Aprendendo a silenciar a mente

Meditação é sentar-se sem fazer nada – não usar seu corpo nem sua mente. É parar de pensar e deixar que a mente, sempre tagarela, silencie por conta própria. Sem esforço, de forma relaxada, fácil, como se fosse um jogo.

Você vai se encantar com o jeito leve e irreverente como Osho traduz conceitos espirituais e com sua capacidade de contar histórias. E descobrirá que, ao trocar as palavras pelo silêncio, você verá a vida com maior clareza e criatividade e tornará o seu dia-a-dia mais intenso e cheio de alegria.

Eckhart Tolle

O poder do agora

Com mais de um milhão e duzentos mil exemplares vendidos em todo o mundo, *O poder do agora* se tornou um dos maiores fenômenos da literatura espiritual por sua capacidade de transmitir uma mensagem simples e transformadora: viver no agora é o melhor caminho para a felicidade e a iluminação.

Combinando conceitos do cristianismo, do budismo, do hinduísmo, do taoísmo e de outras tradições espirituais, Tolle elaborou um guia de grande eficiência para a descoberta do nosso potencial interior.

Praticando o poder do agora

Praticando o poder do agora contém exercícios e práticas de meditação que vão ajudá-lo a incorporar os ensinamentos de Eckhart Tolle ao seu dia-a-dia.

Esse livro deve ser lido devagar porque somente o que é escrito ou falado no estado de presença tem o poder de transformação. Você pode parar a leitura algumas vezes e se permitir um momento de reflexão silenciosa ou de serenidade para absorver melhor suas palavras.

Essa profunda transformação da consciência humana não é uma possibilidade distante no futuro, ela está disponível agora – não importa quem você seja ou onde quer que esteja.

Thich Nhat Hanh

Sinta-se livre onde você estiver

Inspirado numa palestra apresentada num presídio americano, esse livro é uma síntese dos ensinamentos essenciais de Thich Nhat Hanh. De forma simples e comovente, ele nos mostra como a prática da mente desperta pode nos libertar.

O mestre budista nos ensina a viver o momento presente, ficando atentos a cada ato do dia-a-dia – desde fazer uma refeição até caminhar. Essa é a fonte da felicidade e da liberdade com que tanto sonhamos.

Momento presente, momento maravilhoso

Nesse livro, Thich Nhat Hanh nos apresenta os *gathas*, pequenos versos práticos e poéticos que devemos recitar durante nossas atividades diárias para manter a mente alerta.

Para tornar a experiência da meditação ainda mais rica, o livro inclui o CD "Canções para a prática da plena consciência", que contém vinte lindas músicas inspiradas na obra de Thich Nhat Hanh.

Aprendendo a lidar com a raiva

"A condição básica para a felicidade é a *liberdade*. Não estamos nos referindo aqui à liberdade política, e sim à liberdade que conquistamos quando nos libertamos da raiva, do desespero, do ciúme e das ilusões. Buda os descreve como venenos. Enquanto eles estão no nosso coração, é impossível ser feliz.

Vou lhes dar instruções concretas sobre como transformar o anseio, a raiva e a confusão que existem dentro de nós. Se as seguirmos e aprendermos a cuidar do nosso sofrimento, alcançaremos a paz e poderemos ajudar outras pessoas a fazer a mesma coisa."

Thich Nhat Hanh

Daniel Goleman

A arte da meditação

A arte da meditação é o método mais antigo para tranqüilizar a mente e relaxar o corpo. A meditação é, em essência, o treinamento sistemático da atenção. Ela tem como objetivo desenvolver a capacidade de concentração e enriquecer nossa percepção.

No CD que acompanha esse livro você vai aprender quatro das várias técnicas de meditação que existem. Escolha aquela com que você se sente melhor e use-a cada vez que meditar.

Pema Chödrön

Comece onde você está

Comece onde você está é um guia indispensável para despertar a amizade e a compaixão por nós mesmos, ensinando-nos a usar as dificuldades da vida para desenvolver compaixão em relação a nós e aos outros.

Pema Chödrön nos mostra que não precisamos esperar pelo momento ideal para iniciar nossa jornada. Podemos "começar onde estamos", abraçando, em vez de negar, os aspectos dolorosos da vida. Através do trabalho com suas máximas e da prática da meditação, aprendemos a lidar com nossa própria dor e a abrir espaço para a alegria, o bem-estar e a confiança em nossas vidas e ao redor de nós.

Os lugares que nos assustam

Na maioria das vezes, tentamos nos proteger através da raiva, do ciúme, da inveja, da arrogância e do orgulho, mas não conseguimos vencer a incerteza e o medo com essas barreiras. Temos que aprender a nos relacionar com o desconforto usando outras ferramentas, como a bondade e a compaixão.

Nesse livro, a monja budista Pema Chödrön nos ensina a confrontar nossos medos e dificuldades, por meio de práticas que vão nos apoiar e inspirar nos bons e maus momentos, e despertar uma coragem e sabedoria que nem sabíamos que tínhamos.

Sua Santidade, o Dalai-Lama

Palavras de sabedoria

Esse pequeno livro contém ensinamentos essenciais sobre o budismo e foi escrito pelo Dalai-Lama, um dos maiores líderes espirituais do nosso tempo. Suas lições associam a sabedoria antiga à compreensão dos problemas da vida moderna.

O caminho da tranqüilidade

"Segundo a tradição budista a que pertenço, um dos meios mais eficazes de encontrarmos a felicidade e evitarmos o sofrimento é praticando a meditação. Embora a meditação possa algumas vezes significar sentar-se em uma determinada posição especial e silenciar a mente, pode também envolver a familiarização constante com pensamentos positivos.

Esse livro inclui citações cotidianas selecionadas de meus próprios escritos e de trabalhos de minha autoria já publicados. Com toda a humildade, rezo para que os leitores possam encontrar nessas palavras alguma inspiração para desenvolver aquela generosa paz de espírito que é a chave da felicidade duradoura."

Sua Santidade, o Dalai-Lama

Louise Hay

Aprendendo a vencer o medo

O medo é um dos grandes entraves da vida. Ele gera angústia, cria fantasmas, nos paralisa, desqualifica nossos desejos e tira a consciência dos nossos direitos.

Foi por tomar consciência de quanto o medo nos faz sofrer que Louise Hay resolveu nos ajudar a vencê-lo, usando como principais ferramentas as meditações e as afirmações que se encontram nesse livro e no CD que o acompanha.

Faça as afirmações e as meditações todos os dias, e essa prática irá libertar você do medo, aumentar sua confiança e ensiná-lo como assumir uma postura positiva diante da vida. Assim, você avançará na conquista da paz interior e da felicidade.

Hal Urban

As grandes lições da vida

O que é essencial? Hal Urban responde a esta pergunta reunindo as vinte lições de vida que precisamos aprender para alcançar o sucesso e a felicidade. Sem propor fórmulas mágicas ou métodos fantásticos, esse livro nos fala de valores eternos como respeito, bondade, honestidade, compromisso e trabalho duro, e nos ensina a dar valor ao que realmente é importante em nossa vida.

CONHEÇA OS 25 CLÁSSICOS DA SEXTANTE

- *Muitas vidas, muitos mestres*, *Só o amor é real* e *Meditando com Brian Weiss*, de Brian Weiss
- *Conversando com os espíritos* e *Em busca da espiritualidade*, de James Van Praagh
- *A última grande lição*, de Mitch Albom
- *Enquanto o amor não vem*, de Iyanla Vanzant
- *A oração de São Francisco*, de Leonardo Boff
- *O ócio criativo*, de Domenico de Masi
- *Mantenha o seu cérebro vivo*, de Lawrence C. Katz e Manning Rubin
- *Por que os homens fazem sexo e as mulheres fazem amor?*, de Allan e Barbara Pease
- *Uma ética para o novo milênio* e *Palavras de sabedoria*, do Dalai-Lama
- *Histórias para aquecer o coração*, de Mark Victor Hansen e Jack Canfield
- *100 segredos das pessoas felizes* e *100 segredos das pessoas de sucesso*, de David Niven
- *Aprendendo a gostar de si mesmo*, de Louise Hay
- *Um dia "daqueles"*, *Querida mamãe* e *O sentido da vida*, de Bradley Trevor Greive
- *Você é insubstituível* e *Dez leis para ser feliz*, de Augusto Cury
- *A vida é bela*, de Dominique Glocheux
- *Faça o que tem de ser feito*, de Bob Nelson
- *Não leve a vida tão a sério*, de Hugh Prather

Informações sobre os Próximos Lançamentos

Para receber informações sobre os próximos lançamentos da EDITORA SEXTANTE, queira entrar em contato com nossa Central de Atendimento, dando seu nome, endereço e telefone para:

EDITORA SEXTANTE
Rua Voluntários da Pátria, 45 – Gr. 1.404 – Botafogo
22270-000 – Rio de Janeiro – RJ
Tel.: (21) 2286-9944 – Fax: (21) 2286-9244
DDG: 0800-22-6306 (ligação gratuita)
E-mail: atendimento@esextante.com.br

Para saber mais sobre nossos títulos e autores, e enviar seus comentários sobre este livro, visite o nosso site:
www.sextante.com.br